全世界最权威、最卓越、最实用的口才学精华读本

卡耐基的

说话秘诀

翟文明　编著

THE SPEAKING
KEYS OF CARNEGIE

光明日报出版社

图书在版编目（CIP）数据

卡耐基的说话秘诀 / 翟文明编著 . -- 北京：光明日报出版社，2011.6（2025.1 重印）

ISBN 978-7-5112-1105-7

Ⅰ . ①卡… Ⅱ . ①翟… Ⅲ . ①口才学—通俗读物 Ⅳ . ① H019-49

中国国家版本馆 CIP 数据核字 (2011) 第 066123 号

卡耐基的说话秘诀

KANAIJI DE SHUOHUA MIJUE

编　　著：翟文明

责任编辑：温　梦　　　　　　　　　　责任校对：张荣华

封面设计：玥婷设计　　　　　　　　　封面印制：曹　净

出版发行：光明日报出版社

地　　址：北京市西城区永安路 106 号，100050

电　　话：010-63169890（咨询），010-63131930（邮购）

传　　真：010-63131930

网　　址：http://book.gmw.cn

E – mail：gmrbcbs@gmw.cn

法律顾问：北京市兰台律师事务所龚柳方律师

印　　刷：三河市嵩川印刷有限公司

装　　订：三河市嵩川印刷有限公司

本书如有破损、缺页、装订错误，请与本社联系调换，电话：010-63131930

开　　本：170mm×240mm

字　　数：215 千字　　　　　　　　　印　　张：15

版　　次：2011 年 6 月第 1 版　　　　印　　次：2025 年 1 月第 4 次印刷

书　　号：ISBN 978-7-5112-1105-7

定　　价：49.80 元

前 言

　　《语言的突破》是卡耐基的第一本书，也是一本教你如何"有效"说话的现代"语录"。它出版后，在人类出版史上创造了一个奇迹：10年之内就发行了2000多万册，而且被译成了几十种文字，成为世界上最受推崇的"语言教科书"。

　　我们身边的每一项活动都少不了沟通，而在沟通的过程中需要通过言谈来显示自己与众不同的个性。假如我们因为紧张、胆怯或语无伦次而影响自己的思想表达，那么，我们的人格、个性和魅力也将被遮挡、掩盖。如何才能在一大群人面前当众起立、头头是道地表达自己的想法呢？自信和勇气是必需的，但光有这两样还不够，我们还要勤于学习，加强语言训练。卡耐基的语言教育课程正是基于此而开创的，并在全世界广泛传播，数以千万计的学员得益于卡耐基的口才训练，使自己的人生和事业得到了彻底的改变：推销员的业绩获得大幅增长，经理人的业务得到极大的拓展，老板们的事业取得辉煌的成就，就连最普通的职员也很快成为公司的精英……

　　通常来说，有两个重要因素引导着人们走向成功：一是专业方面的勤奋努力，二是说话能力方面的不断突破。遗憾的是，大部分人只记住了其中的一点。我们不能不说许多人非常努力，但却没有意识到口才的重要性，因此，他们没能

获得成功。

在这一点上，那些成功人士已经达成了共识。"钢铁大王"安德鲁·卡内基等人甚至认为，自己可以抛弃巨额的财产，而只要学会一种高超的说话艺术就能够东山再起。在古希腊，作为口才艺术之一的演讲术就已成为一个人成功的基本能力和最重要的标志。作为卡耐基开始教授"人际关系"知识的起步内容，口才艺术也一直是卡耐基成功学最核心的部分。他的重要论断"一个人事业成功的因素当中，有85%来自于人际沟通能力，15%依赖于专业知识"，成为最著名的成功定律。这足以证明他对语言艺术的重视。

《卡耐基的说话秘诀》详细介绍了卡耐基的说话秘诀，是《语言的突破》的精华读本。书中的主要内容包括：突破语言的八大规则、充满魅力的通用语言、影响命运的职场语言、赢得异性的两性语言、改变人生的演讲语言、关系成败的谈判、说服力和打造个人说话风格八部分，这些内容促使人们努力向前、挑战自我，激发人们追求人生理想、坚定实现自我价值的信念。对于那些渴望提高自己的说话艺术，从容地在宴会上、演讲台上、谈判桌上或者辩论会上——实际上包括一切需要说话的地方和场合——展现风采的人们而言，这是一本最合适的书。正像卡耐基在鼓励口才训练班的学员时所说的那样："它能够使你把说话变成一种快乐。"

目 录

CONTENTS

第一章 突破语言的八大规则 /1

正像如何提高当众说话的能力一样，日常生活中的任何沟通交流都需要人们克服畏惧、建立自信，这是实现更有效说话的前提。只有这样，人们才能够最大限度地发挥自己的潜在能力，在各种场合下发表恰当的讲话，博得赞誉，赢得别人的信任，获得成功。

克服人性中的弱点 /2
借别人的经验鼓起自己的勇气 /5
明确并记住自己的目标 /7
树立成功的信念 /11
积极的心理暗示 /14
培养自信心 /17
拥有坚强的意志力 /19
不放过每一个练习的机会 /22

第二章 充满魅力的通用语言 /25

"良药苦口，忠言逆耳"，真话、实话往往会得罪人。说话的艺术并不是不讲真话，而是在讲真话的同时不触怒和伤害对方。语言的良好表达方式并不是能言善辩，而是说话要合乎情理、打动人心。

实现有效交谈很重要 /26

根据对方决定说话策略 /28

说话要注意方法 /32

话要说到点子上 /35

要把握说话的分寸 /37

关键时刻停 3 秒 /41

别光顾自己说 /44

说话应遵循礼仪 /47

第三章 影响命运的职场语言 /51

如果说一个人在职场中成功的 20% 的因素是他的其他个人才能的话,那么还有 80% 来自于他口才的贡献。

与下属沟通要讲艺术 /52

指正别人错误的方法 /56

加强团队工作的 10 条建议 /59

面试时的交谈技巧 /63

和领导交流是一门学问 /67

与同事交流的技巧 /71

办公室中的禁忌话题 /74

第四章 赢得异性的两性语言 /77

也许因为表现的欲望过于强烈,每个人在与异性交谈时都或多或少地存在紧张感。其实,只要掌握一些基本的原则并要做到友善地与异性交谈、赢得异性的信赖,就可以让谈话变得十分轻松。

如何赢得异性的信任 /78

婚姻生活切忌唠叨不休 /81

男人别用沉默折磨女人 /85

用鼓励代替指责和批评 /89

男人可以适当地表现出脆弱 /92

别动不动以离婚相威胁 /97

让气氛好起来 /99

第五章 改变人生的演讲语言 /103

能够从容不迫地当众发表成功的演说，或者能够在众多人面前侃侃而谈，将会使你的前途不可限量。因此，那些想要取得成功的人都会努力提高自己当众说话的能力。

当众说话的方法和技巧 /104

如何克服怯场 /108

如何发表即席讲话 /113

成功演讲的方法 /118

让听众融入演讲之中 /121

演讲过程中的应变技巧 /125

如何处理提问 /128

第六章 关系成败的谈判语言 /133

处在这样一个复杂多变的社会之中，谈判对我们而言就像家常便饭一样。人人都需要谈判，而不仅是商务代表或者外交官。我们希望涨薪水，希望用最低的价格买到一套房子，这些都需要通过谈判或者说沟通来解决。

谈判要讲究策略 /134

谈判前要做好细节准备 /137

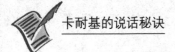

谈判中的礼貌用语和禁忌 /141

必要的时候可以妥协退让 /145

把握谈判中的陈述技巧 /148

在谈判中应该适当地提问 /152

掌握谈判中的应答技巧 /155

谈判中如何拒绝 /158

适当地运用说服技巧 /162

如何打破谈判的僵局 /165

 ## 第七章 说服力 /169

能够让别人改变想法和要求转而接受自己的想法和要求，无疑是很吸引人的。在所有的沟通中，说服艺术是最基础也是最重要的一种技巧。

让对方以愉悦的心情与你交谈 /170

努力让对方客观地认识事物 /173

满足对方的心理需求 /177

戏剧化地说出自己的想法 /183

假如是自己错了就赶快承认 /187

获取对方的信任 /191

巧妙地控制话题 /194

促使对方主动与自己合作 /197

 ## 第八章 打造个人的说话风格 /201

当我们在演讲台上、宴会上、面试中、谈判桌上开始说话的时候，我们会因为掌握了高超的说话艺术而感到前所未有的放松、自信和满足，我们的每一个动作、神情，甚至每一句话都展现了我们之所以是我们的丰采——那些只属于我们自己的个性元素。这时候的我们是独一无二的。

声音：一开口就与众不同 /202

节奏：说话不能拖泥带水 /206

语调：化乏味枯燥为生动有趣 /208

体态：无声语言是有声语言的辅助 /211

修辞：让话语更有分量 /215

通俗：说话的最高境界 /219

尊重：也是一种征服 /222

第一章

突破语言的

八大规则

　　我是从1912年开始教授当众说话的课程的，当时的任务是为纽约基督教青年会夜校讲授"公开演讲"课。那段经历对我来说是非常宝贵的，因为，它使我积累了丰富的关于演讲的知识，并促成了我的口才培训班的诞生。

　　在纽约为商业界和专业人员开班时，我逐渐了解到，学员们不仅需要在演讲方面受到训练，还迫切需要掌握日常商务和社交中与人交流的艺术。因为人们除了渴望健康以外，最需要的便是改善人际关系，学会为人处世艺术，而这一切又都是以说话为前提和手段的。于是我决定在这方面进行深入的研究，并因此最终总结出了一套比较全面实用的课程，这是很有意义的事情。"沉默是金"的谚语，应随时代的变迁而重新评估，因为如何发挥语言的魅力，决定了现代人能否由沟通走向成功。

　　正像如何提高当众说话的能力一样，日常生活中的任何沟通交流，都需要人们克服畏惧、建立自信，这是实现更有效说话的前提。只有这样，人们才能够最大限度地发挥自己的潜在能力，在各种场合下发表恰当的讲话，博得赞誉，赢得别人的喜欢，获得成功。

在培训班开课之前，我曾做过一个调查，即让人们说说来上课的原因以及希望从这种口才训练课中获得什么。调查的结果令人吃惊，大多数人的中心愿望与基本需要都是一样的，他们的回答是："当人们要我站起来讲话时，我觉得很不自在、很害怕，这使我不能清晰地思考，不能集中精力，不知道自己要说的是什么。所以，我想获得自信，能泰然自若地当众站起并能随心所欲地思考，能依逻辑次序归纳自己的思想，能在公共场所或社交人士的面前侃侃而谈，做到明晰且有说服力。"

我相信这是真实的。当你站立在听众面前时，的确不能像坐着的时候那样细致地思考，但是这种现象可以通过训练加以改善，重要的是你一定要按照下面的方法去做。

克服人性中的弱点

在潜意识里拒绝与人交流或者害怕当众说话，并不是某一个人独自具有的心理，大多数人都是这样，只不过程度不同而已。除了训练班的成员，对大学生我也进行过调查，80% ~ 90% 的学生都产生过不敢当众说话的恐惧感和与人交流的畏难情绪。

这好像是在说"恐惧交流"是人天生就具备的。的确如此，它是人与生俱来的一个弱点，并且和人的性格有很大的关系。心理学家认为性格是一个人的行为表现较为稳定的基本特征。性格具有稳定性，也就是说，一个人的性格在一定的教育和环境的影响之下形成后，是难以改变的，所以才会有"江山易改，本性难移"的说法。

有关专家曾对亚利桑那州的一对大学生孪生姐妹进行过观察研究。这对双胞胎姐妹外貌相似，先天遗传因素完全相同，家庭生活和所受教育的情况也相同。虽然这姐妹俩一直在同一个小学、中学和大学接受教育，然而在遗传、教育和环境如此相同的情况下，姐妹俩的性格却很不相同：姐姐善于说话与交际，自信主动，果断勇敢，而妹妹却相反，缺乏独立自主意识，说话办事总是随同姐姐。有关专家找她们交谈时，总是姐姐先回答，妹妹只是表示赞同，不爱说话，或稍作点补充。总之，姐妹俩的性格完全不同。这是为什么呢？原来父母在她俩中认定一个是姐姐，另一个是妹妹，从小就责成姐姐照管妹妹，对妹妹负责，做妹妹的榜样，带头执行长辈委派的任务。这样一来，姐姐从小就形成了独立、自主、善交际、较果断的性格，而妹妹却养成了遵从姐姐的习惯。

这说明人的性格是长期受所接受的教育和环境的影响而形成的。但这并不适用于成年人，因为对于成年人来说，性格实际上是由心理状态决定的。也就是说，如果一个成年人能改变自己的心态，他就能改变自己的性格。

20世纪初，心理学家和哲学家断言：普通人只用了全部潜力的极小一部分，与我们应该成为的人相比，我们只苏醒了一半；我们的热情受到打击，我们的蓝图没有展开，我们只运用了我们头脑和身体资源中的极小一部分。这是什么原因造成的？其实就是人的恐惧心理。人的恐惧心理是很可怕的，所以，我常对我的学员说："你要假设听众都欠你的钱，正要求你多宽限几天；你是神气的债主，根本不用怕他们。"

其实，某种程度的恐惧感对人的交流是有益的，因为人类天生就具有一种应付环境中不寻常挑战的能力。当你注意到自己的脉搏和呼吸加快时，千万不要过于紧张，而要保持冷静。因为你的身体一向对外来的刺激保持着警觉，这种警觉表明它已准备采取行动，以应付环境的挑战。假使这种心理上的准备是在某种限度之下进行的，当事者会因此而想得更快、说得更流畅，并且一般来说，还会比在普通状况下说得更为精辟有力。

我告诉你们一个秘密：即使是职业演说者，也从来不会完全克服登台的恐惧，他们在开始演讲时也几乎总是会或多或少地有些怯意，并且这种怯意在开头的几句话里就会表现出来，只不过他们能很快地克服这种怯意，进入镇静的状态。开始的时候我也差不多是这样。

有几点我有必要重复一下。

（1）你害怕当众说话、拒绝与人交流并不是特例。

（2）某种程度的交流恐惧感反而有用，我们天生就有能力应付环境中不寻常的挑战。

（3）许多职业的演说家从来都没有完全祛除登台的恐惧感。

所以，你大可不必胆小地躲在自己给自己设定的框框里，你应该采取热诚主动的态度去与人交往。否则，恐惧将一发不可收拾，它不但会造成你心灵的滞塞、言辞的不畅、肌肉的过度痉挛而无法控制，还会严重降低你说话的效力。

有效克服交流恐惧

⊙任何时候都不要让"冰霜"结在脸上，不如干脆把"冰霜"融化掉，方法是说些有趣的事。

⊙不论在何种社交场合，幽默都会都助你打开与人沟通的大门。

⊙培养乐观的人生态度和坚强的意志，用勇敢顽强的精神激励自己。

⊙通过学习提高对事物的认知能力，扩大认知视野，正确判定恐惧源。

⊙医学家说："知识是医治恐惧的良药。"这很有道理。如果对可能发生的各种变故都做好了充分的思想准备，就会提高心理承受能力，使恐惧难以侵入。

⊙积极加强有针对性的心理训练，以有效克服紧张和不安等不良情绪，提高心理适应和平衡性，增强信心和勇气，以无畏的精神克服恐惧心理。

借别人的经验鼓起自己的勇气

你也许会说："我也知道自己需要鼓起勇气，但是当我想要开口说话的时候，这好像并不容易做到。"你说的问题是大部分人在说话时都会碰到的问题。那么，让我们谈一谈关于如何鼓起勇气的话题。

顾立区公司董事长顾立区先生有一天来到我的办公室。他对我说道："我这一生每逢要说话时，没有一次不是非常恐惧的。但是身为董事长，我不能不主持会议。虽然与董事们都相识多年，但是一旦要站起来说话，我就一个字都讲不出来。这种情形已经有好多年了，我的毛病太严重了。卡耐基先生，我很难相信你能帮我克服这一毛病。"

"既然如此，你为什么还来找我呢？"我问他。

"这是因为发生了一件这样的事情。"顾立区先生回答道，"我的一个会计师，原来是个害羞的家伙。他走进自己的办公室之前，必须要穿过我的办公室。以前他都是看着地板，一个字也不说，蹑手蹑脚地走过我的办公室。不过最近，这种情况发生了改变。现在他总是下颌抬起，眼里闪着光亮，而且还主动和我打招呼，这令我十分惊讶。我问他：'是谁使你改变的？'他告诉我说：'卡耐基先生。'因为这件事情让我难以置信，所以我还是来找你了。"

"如果你希望跟这位会计师一样有所改变，"我对他说，"你可以定期上课。"

"你要是真能使我开口说话而不再恐惧，"顾立区先生说，"那我可就要成为最快乐的人了。"

顾立区先生果然来参加我们的训练了。事实上，他进步神速。3个月之后的一天，我请他参加阿斯特饭店舞厅里的3000人聚会，并邀请他向客人们谈谈参加卡耐基口才训练班的感受。他很抱歉地说他不能来，因为他已经安排了一个重要的约会。但是，第二天，他又打电话给我说："卡耐基先生，我把约会取消了。我一定要来参加这个聚会，因为这是我欠你的。我要告诉人们卡耐基口才训练班给我带来的好处，它真的使我变成了这个世界上最快乐的人。我希望以自己的故事来激励人们，让他们彻底消除损害他们生命的恐惧。"

在聚会上，顾立区先生对着 3000 人侃侃而谈，足足说了 10 多分钟，而我本来只要求他说 2 分钟。当听众们被他的精彩演说所打动的时候，有谁会想到他原来一说话就会极为恐惧呢？

如果你希望像顾立区先生那样，你也可以在短期内掌握这门艺术。事实上，正如顾立区先生在讲话中想要告诉人们的那样，你完全可以从他的经历中认识到：说话并不是一件很难的事情。也就是说，你可以借用他的经历来鼓起自己的勇气。在你因为恐惧而无法开口说话的时候，你都可以想道：既然顾立区先生可以做到，我也一定能够做到。

在我们与那些重要人物进行交谈、进行商业谈判时，甚至只是在平常与人的交谈中，如果感到很害羞，你都可以借用别人的经验来鼓起自己的勇气。在不同的时候，你可以想到相应的故事，以达到鼓起自己勇气的目的。

我曾经对那些说话高手进行过调查，结果发现几乎所有的人都存在过害羞的心理，即使是现在——正如我前面所说——当他们发表意见、进行谈判或说服别人的时候，也还是没有完全祛除紧张的心理。在交际场上游刃有余地活动的钢铁大王安德鲁·卡内基常常对人说："虽然我天性很害羞，但是我却努力让自己成为一个说话高手。"

我希望你有机会去我家，我将为你展示我收到的来自世界各地的感谢信。写信的人有的是企业界的领袖，有的是州长、国会议员、大学校长和娱乐圈的明星，更多的则是企业中的主管人员、工人、工会成员、大学生、家庭主妇、牧师等，他们都是一些默默无闻的普通人。他们的共同点是：都觉得自己需要表达自己的观点、与人沟通，以让别人了解和接纳自己，但是却缺乏足够的勇气、足够的自信心——也就是说，他们一开始都不善言辞。正是因为取得了一定的成绩并实现

用别人的故事激励自己

⊙熟悉一些说话高手的成功历程,对比自己的优缺点。

⊙你可以选择一个让你印象深刻,或者跟你一开始的情形差不多,但是后来却成功了的人的故事来鼓起你的勇气。你应该想到,每个人都是从胆怯开始的。当你感到恐惧时,想一想别人已经成功应对过这种恐惧了。

⊙了解别人克服恐惧的方法,如心理暗示法、肌肉训练法、深呼吸法等,有意识地加以训练。

⊙干脆把自己想象成别人,把自己的恐惧想象成只是别人的一段经历,而他最后成功了。

了自己的目标,所以他们才心怀感激,特意给我写信表示感谢。

因此,当你需要鼓起勇气在酒会上讲话或跟你的客户谈判的时候——实际上,在一切需要你展现口才的时候——你都可以借别人的经验来激励自己。在你感到胆怯的时候,问一问自己:"既然他们都取得了成功,我为什么不能呢?"

明确并记住自己的目标

前文中提到的顾立区先生说,是卡耐基训练班使他说话不再感到恐惧,使他能够在3000人面前侃侃而谈,使他成了"这个世界上最快乐的人"——让说话成为一种快乐,这正是卡耐基训练班的目的。而我认为,这个目的远较其他目的更为重要。顾立区先生之所以参加卡耐基训练班,之所以能够努力地做卡耐基训练班分派的功课,正是因为他已经预见到了说话的成功会给他带来乐趣。顾立区先生将自己投入未来的理

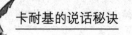

想中，然后努力使自己梦想成真。如我们所看到的那样，最后他成功了。

有一个卡耐基训练班的毕业生说："开始说话的时候，我宁愿挨鞭子也不愿开口；但是临结束时，我却宁愿挨枪子儿也不愿停下来了。"几乎每一个人都渴望获得进行成功交谈的能力，想要体验这种"不愿停下来"的美妙感觉。

钢铁大王卡内基死后，人们在他的遗物中发现了他 32 岁时所拟的计划。他当时准备退休后到牛津大学接受完全的教育，并"特别注意于公开演说的学习"。

那么，人们为什么要致力于提高自己的说话能力呢？也就是说，究竟说话的成功对人们有什么重要的意义呢？我们不妨想象一下：面对多得难以计数的听众，自信满满地走上讲台，听听开场后全场的鸦雀无声，感觉一下听众被你的深入浅出、幽默诙谐的演说所深深吸引时的那种全神贯注，体会一下听众对你报以经久不息的雷鸣般的掌声时的成就感，然后你带着微笑接受大家对你的赞赏……

当然，提高自己的说话能力的好处，并不只是可以在正式场合发表成功的演说。继续想象一下：依靠你的口才，通过与对方机智地谈判，你赢得了一笔数额巨大的业务；依靠幽默和富有气质的口才魅力，你赢得了心爱的女孩的欢心，并且与她共同迈进了婚姻的殿堂；依靠极具说服力的口才，你使一个国家停止了对另一个国家使用武力，使亿万人民避免了战争的灾难，你受到了人们的尊敬……还有什么比这更加吸引人的呢？

许多来上口才训练班的学员，大都是因为在社交中感到胆怯和拘束，其中有政界要员、明星，也有普通人。他们以前多半是这样一种情形：当站起来说话的时候，他们会感到手足无措；需要在数量很多的人——即使是熟识的人——面前说话时，他们会连一句完整的话都说不出来。在这样的情形下，他们感觉自己好像不再是自己了，因为他们完全控制不了自己。

可是在完成训练班的课程之后，他们的改变令他们自己都刮目相看。他们发现，让自己说话再也不那么为难了。他们都觉得自己以前

明确并牢记自己的目标

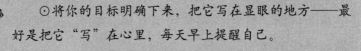

⊙将你的目标明确下来，把它写在显眼的地方——最好是把它"写"在心里，每天早上提醒自己。

⊙时刻牢记实现目标将给你带来的益处。

⊙回想以前当你说话时的害羞和局促，及因此带来的困窘和其他后果。

⊙记住实现口才训练目标将对你的人生、事业目标有极大的促进作用。

的害羞和拘束其实很幼稚、很可笑。当然，他们在训练过程中培养出来的那种自然洒脱的气度，也让他们的朋友、家人或顾客另眼相看。他们开始在建立自己的信心的同时，游刃有余地处理和他人的关系，从而影响到他们的整个人生。

另外，这种训练也会不同程度地影响到人的性格，即使不一定很快地显现出来。大卫·奥门博士是大西洋城的一位外科医生兼美国医药学会的会长，我曾问他："就心理健康而言，接受当众演讲训练有什么好处？"他回答说："回答这个问题，最好是开一个处方；这个处方必须每个人自己给自己配药。如果他认为自己不行，那他就错了。"以下便是奥门博士给我们开的处方：

"努力培养一种能力，让别人能够走进你的脑海和心灵。试着面对单独的人，或在大众面前清晰地表达你的思想和理念。当你通过这种努力不断地获得进步时，你便会发现：你——你的真正自我——正在真正塑造一个崭新的形象，使你身边的人产生一种前所未有的惊讶。

"当你试着和别人说话时，你的自信心会随之增强，你的性格也会跟着变得越来越温和美好，而这就表示你的情绪已经渐入佳境；随之，你的情绪会使你的身体好起来。这个世界的男女老少都需要讲话。即使我并不清楚在工商业社会中，讲话会带来别的什么利益，我也依然

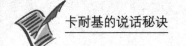

相信它有无穷的好处。不过，我的确了解它对于健康的益处。只要你一有机会，就对几个人或许多人说话——而你将越说越好；我自己就是这样。同时，你还会感到神清气爽，觉得自己完美无缺，这都是你以前所感受不到的。

"这是一种舒畅而美妙的感觉，没有任何药物能给你这种感觉。"

想象你自己正在成功地做着你目前所害怕做的事情，想象你已经能够在各种工作和社交场合侃侃而谈，你的观点被大家所接受，并给你带来了许多好处。这对实现你的目标大有好处。因此，时刻铭记自己的目标是十分重要的。

哈佛大学最杰出的心理学教授威廉·詹姆斯的话正好能解释这一点，他说："几乎不论哪种课程，只要你对它充满了热情，你就能够顺利完成；如果你对结果足够关心的话，你就能够实现它；如果你希望做好一件事，你就能够做好；如果你期望致富，你就能够致富；如果你想博学，你就会博学。只有那样，你才会真正地期盼这些事情，心无旁骛地一心期盼，而不会白费心思、胡思乱想许多不相干的杂事。"

"不要抱着投机的心态来学习，"沃特斯告诫我们说，"这种态度只会使我们一无所获。你应该首先给自己订立一个计划、确定一个目标，然后踏踏实实地为这个目标奋斗。当你把自己的精力和才能都用在这上面时，那么你离成功就不会很远了。而我所说的投机的学习态度，是指那种认为自己所学的东西在将来某个时候可能会带来好处而毫无方向的学习。"

集中你的全部精力、时刻不忘记自信和侃侃而谈的说话能力，对你而言是十分重要的。只要想想由此结交的朋友在社交方面对你的重要性，想想自己为大众、为社会服务的能力将大大增强，想想它对你的人生和事业将产生的深远的影响……总而言之，想想它将为你在将来实现自己的价值铺平道路，你就能实现你的目标。

树立成功的信念

我想再次引用威廉·詹姆斯的话来进入我的话题。我们已经知道，他说过："如果你对结果足够关心的话，你就能够实现它。"在这里，你可以把它理解为一种必胜的信念。因为当你的目标对你的吸引力足够大时，你就会树立起一种必定要成功的信念。

在任何时候，告诉自己：我一定要，而且能够成功。这样，你就能够成功。

当恺撒率领他的军队从高卢渡海而来，登陆现在的英格兰的时候，他是怎样取得胜利的呢？他把军队带到了多佛海峡的白岩石悬崖上，让士兵们望着位于自己脚底200英尺的海面上燃烧的船只。士兵们知道，他们与大陆的最后联系已经断绝，退却的工具已经被焚毁，唯一可做的事情就是前进、征服、胜利。恺撒和他的军队就这样成功了。

恺撒成功的秘诀在于他使他的士兵们知道，他们必须取得成功，没有退路。当你想战胜面对听众所产生的恐惧，以及克服提高自己的说话能力必然要面对的困难时，为何不让自己拥有这种精神呢？把消极的思想全部扔到火里焚烧，并把身后通往犹豫退缩的大门紧紧关上，你就必将取得成功。

耶鲁大学的乔治·戴维森教授就是依靠这种强大的信念取得成功的。年轻时候的乔治有一个梦想，他希望能够改变世界、服务全人类。为了达到这个理想，他需要接受最好的教育，而美国是他最理想的去处。

当时的乔治身无分文，要到1万千米外的美国去，简直就是天方夜谭。不过，他还是出发了。他徒步从他的家乡尼亚萨兰的村庄出发，穿过东非荒原到达开罗，在那儿他可以乘船抵达美国。他一心想的是到达那个可以帮助他改变自己命运的国家，其他的一切他都可以置之度外。

他一开始就遇到了极大的困难。在崎岖的非洲大陆上，他用了5

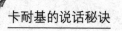

天才艰难地跋涉了 25 英里（约 40 千米）。他的食物已经吃完，水也已经喝完，而且，他身无分文。他还需要继续前进几千英里。

回头吗？还是拿自己的生命赌一把？乔治知道，回头就是放弃，就是回到贫穷和无知。而他不想这样。他相信自己能够克服这些困难，达到自己的目的地。于是，他对自己说："继续前进，除非我死了。"

他继续孤独地前行。他常常席地而睡，以野果和其他植物维持自己的生命。旅途使他变得瘦弱不堪。由于极度的疲惫和近乎绝望的灰心，几次他都想放弃。但是每当这时，他就自己给自己鼓气。终于，他战胜了自己的怯懦，充满信心地继续前进。

经过种种磨难和痛苦，1950 年 10 月，乔治终于用两年的时间来到了美国，骄傲地跨进了斯卡济特峡谷学院的大门。

凭着对目标的专注和近乎神圣的成功的信念，乔治战胜了常人难以战胜的困难。还有什么比这件事情更加难以办到的呢？

在一次广播节目中，主持人要我用 3 句话来说明我学到的最重要的一课。我当时是这么说的："我所学到的最重要的一课，是我们的思想对我们非常重要。如果我能了解一个人的思想，我就能了解他这个人，因为正是思想造就了我们。而如果我们能够改变自己的思想，也就能改变自己的一生。"

为了达到目标，你需要建立足够强大的自信和目标必将实现的信念，你必须对自己说话能力训练的努力成果保持轻松而乐观的态度。从现在开始，你就要积极地设想自己的努力最终会使你成功。你应该想到，你努力的结果必然是，当需要在众人面前站起来说话时，你能够从容不迫地侃侃而谈、清晰明白地表达你的观点。你一定要把你的决心和信念烙在每个词句、每项行动上，并且竭力培养这种能力。

在卡耐基训练班里有一个叫乔·哈弗斯第的学员。有一天，他站起来信心十足地对大家说，他不满足于做一名房屋建造商，他希望自己成为"全国房屋建筑协会"的发言人；他最想做的事是在全国各地奔走，把他在房屋建筑业中遇到的问题和获得的成就告诉人们。

　　难能可贵的是，他不但对理想有一种狂热的追求，而且真的说到做到。他想讲的，不仅仅包括地方性的问题，还包括全国性的问题。对于这样的想法，他并没有三心二意，而是用心地准备自己的演讲，并且用心地进行练习。在上课期间，他从没有耽误一次课；即使再忙，他也仍然一丝不苟地按照训练班的要求去做。结果他的进步十分迅速，令大家都十分惊讶。两个月之后，他成了班上的佼佼者，被选为班长。

　　大约一年以后，乔·哈弗斯第的老师这样写道："我几乎已经忘记了来自俄亥俄州的乔·哈弗斯第了。一天早上，我正在吃早餐。当我不经意间打开《弗吉尼亚向导》的时候，书中醒目的位置上赫然有一幅乔的照片和一篇称赞他的报道。报道中说：前天晚上，他在一次地区建筑商的盛大聚会中发表了精彩无比的演讲。这时的乔已经不是'全国房屋建筑协会'的发言人了，简直就像是会长了。"

　　乔·哈弗斯第为什么能够成功呢？因为他有强烈的欲望，保持了高度的热忱，具备了克服困难的坚强毅力；更加重要的是，他相信自己一定能够成功。

　　一个成功者不一定具有不同于一般人的本领和才智，但他坚信自己一定能够成功，并且，他会把全部精力用于追逐成功的行动当中。这样，成功的概率就会大大提高。

树立成功的信念

　　⊙记住说话高手的事迹，知道他们一开始也并不出色，甚至比你还差劲。

　　⊙在你说话的时候，告诉自己必定能够成功。告诉自己：成功并不是那么困难。

　　⊙永远不要抱怨你遭遇了多大的困难，因为你的困难已经被很多人克服过了。

　　⊙使你的信心烙在每一个字词、每一项行动中去。

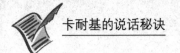

因为，人——无论是谁——本身都有无穷的潜在能力，但能否开发出来，往往取决于每个人自己的态度。如果你相信自己能够成功，那么你就必定能够成功。

积极的心理暗示

一个人上楼梯，分别以6层和12层为目标，其疲劳状态出现的早晚是不一样的。我发现，如果把目标定在12层，疲劳状态会出现得晚一些。因为当你爬到6层的时候，你的潜意识便会暗示自己：还有一半呢，现在可不能累啊！于是你就会继续鼓气往上爬。

也就是说，目标高低带来的自我暗示直接决定了我们行为能力的大小。进而我们可以得出这样的结论：意识不但会影响到你的心理状态，而且会直接影响到你的生理状态。这就是心理暗示的重要性。

自我暗示真的管用吗？是的。现代实验心理学家都同意这样一种观点：由自我暗示而产生的动机，即使是假装的，也会成为人们快速学习的最有力的诱因之一。因此，请对自己进行积极的自我暗示。

威廉·詹姆斯曾说过这样的话：

"人们通常认为行动总是跟随在感觉之后，但实际上，这两者是并存的关系。行动为人们的意志所制约。借着制约行动，意志可以间接地制约感觉，而感觉并不受意志的直接控制。

"因此，当我们不再感到快乐时，唯一的改变办法就是愉快地睡觉、吃饭、谈话，尽量从行动上表现出你很快乐。如果这样都不能改善你的心情的话，那么就再没有别的办法了。

"让自己勇敢起来，即使只是从行动上表现出来，因为人们总是习惯于自我催眠。行动可以间接影响你的感觉，然后调动你所有的意志来达到这个目的。这样，勇气也就会取代恐惧了。"

这就是一种心理暗示。如果你怀疑这种理论，你可以和曾看过这本书并且照着这个方法去做的人，或者上过我的训练班的学员去谈谈，你将会相信这一点的。

接下来我将举一个例子以证明这种心理暗示理论的正确性。这个人被视为勇气的象征。他也有过胆怯的时候，但他决心只依靠自己。于是，在不懈的努力之后，他终于成了受人敬仰的勇士。他就是反对托拉斯、以言论左右听众、手里挥舞着总统权杖的西奥多·罗斯福。

在他的自传里，他这样写道："我曾是一个体弱多病而且笨拙的孩子。年轻的时候，我常常处于一种紧张的状态中，对自己也没有信心，因此不得不艰苦地训练自己。这种训练并不只是身体上的，也包括灵魂和精神上的。"

一个这样的孩子，是怎么变成勇士的呢？他在自传里解释了让他得以转变的原因："我在马里埃的书中看到过一段话，印象极为深刻，并把它时时记在心里。"这是一个小型英国军舰的舰长向主角解释如何才能顶天立地、无所畏惧地生活的一段话。他说，最初要行动的时候，每个人都会紧张、不安，重要的是，不应让这种恐惧感延续下去。你应该采取的方法是：控制自己，表面上装作若无其事的样子。这样持之以恒，假装的就会变为现实。他只不过是想练习坚强的意志，但这种练习让他变成了真正的勇者。

"这就是我训练自己的方法。一开始，从大灰熊到野马、猎枪，我什么都怕，可我尽量装出不怕的样子来；慢慢地，我不再恐惧。人们要是愿意，也可以像我一样。"

在第二次世界大战期间，有一个犹太人想要活着走出纳粹集中营。人们都说这是不可能的——丧心病狂的纳粹分子随时可能把他们成批地拉出去枪毙；另外，恶劣的生存环境让人们生病并相互传染，以至相继死亡。总之，人们都已经失去了生存的信心。但是，这位犹太人暗暗地告诉自己说："某月某日，联军一定会来拯救我们的。在此之前，我一定要好好地活下去。"结果，在他预定的那个日子来临之前，他的

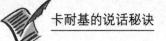

同伴一个个死去，但是他却坚强地活了下来；然而，当他预定的那个日子来到以后，他却像他的同伴一样，急速地衰弱并且死亡了。

从上述事例我们可以看出，心理暗示确实能够给我们带来勇气。积极的心理暗示可以使我们克服恐惧、战胜困难，对我们做任何事情都十分有利。那些敢于接受这项挑战的人将发现自己正脱胎换骨，享受更丰富、更美好的人生。

说话当然也是如此。卡耐基训练班的一个学员——他是一位店员——告诉我："最初，我很害怕和顾客说话，每次都是心惊胆战的。后来我告诉自己，其实顾客是很好说话的。几次之后，我不再害怕了，觉得自己有信心了，和顾客说话也一点不紧张了。现在，我甚至开始理直气壮地说出自己的不同意见。上训练班后的第一个月，我的销售业绩提高了将近一半。"

另一位家庭主妇学员也告诉我："原来我不敢邀请邻居到我家里来做客，我怕自己不能跟他们融洽地谈话。上了卡耐基训练班之后，我觉得自己不再那么害怕。最近我开了一次家庭宴会，举办得非常成功，我往来于客人之间，尽情地与他们交谈。"

他们都成功地运用了心理暗示，从而克服了自己的恐惧。另外，我们在致力于提高自己的说话水平的时候，必然会遇到各种困难，这

给自己积极的心理暗示

⊙不必过于胆怯和拘谨。

⊙要相信，有时候行动能够改变你的感觉。

⊙即使有一点紧张也不要紧，关键是要正确地进行处理。

⊙如果你在说话的时候有失误，你可以把它当成是你的幽默或别的什么东西。总之，要给自己适当的、积极的心理暗示。告诉自己，一切都很好。

种心理暗示也同样可以帮助我们战胜这些困难。所以，当你开口说话或者需要拿出勇气来战胜困难的时候，不妨摆出一副信心满满的样子来。如果你已经准备妥当，就勇敢地把你想要说的话表达出来吧！

培养自信心

几年前，我和我的朋友来到了阿尔卑斯山的维尔德·凯塞山面前，想要征服这座据说很危险的山。《贝德克旅行指南》上说，业余登山员应该有一个向导带路，因为攀登这座山峰很困难。我们俩都不是专业登山员，但是我们并没有请向导。后来，我们取得了成功。

在我们登山之前，一位朋友问我们是不是能够成功，我口气坚定地告诉他："一定能！"

"为什么这么肯定呢？"那位朋友继续问道。

我说："也有人像我们一样没有向导而取得了成功。而且，我做任何事情都不会想到失败的。"

在我的班上，有很多学员在学习完了之后坐在一起谈自己的心得。有相当多的人都认为他们所学到的最重要的东西是对自己的信心，也就是说，对自己成功多了一分信心。在某种程度上，没有什么比自信更加能够将一个人引向成功。

要自信，这是你做任何一件事情都必须要有的正确心态。不论是攀登珠穆朗玛峰，还是和别人说话，自信都是你成功的基本前提。

所以，在你开始说话之前，首先树立你的自信心。

针对不足进行训练

如果的确存在一些不足，你可以进行针对性的训练，克服这些困难和不足，从而树立自信。名列古希腊"十大演讲家"之首的德摩悉尼从小就有口吃的毛病，而且他在说话的时候总是一个肩膀高一个肩膀低，

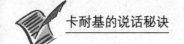

还不停地抖动。在那样一个崇尚口才的时代，这样的人理所当然地会受到歧视。他十分苦恼，并且有很深的自卑感。不过，他并没有被自卑打倒，而是以超常的毅力和吃苦精神进行刻苦的训练。每天清晨他都站在海边，口里含着石子进行练习；针对爱抖动的毛病，他对着镜子练习，并且在两个肩膀上挂两把剑，这样就不会抖动了。经过刻苦的训练，正如我们所知道的那样，他最终成了一个十分出色的、受人尊敬的演讲家。

充分准备，树立信心

一个人说话成功的程度，跟说话之前所做的准备有很大关系。林肯说："即使是再有实力的人，如果没有精心的准备，也无法说出有系统、高水平的话来。"所以，你需要在说话之前广泛地收集素材，并对你的主题进行深入细致的思考。当你确认自己准备充分之后，不妨设想自己正在以完全的控制力对他人说话。这是你很容易就能做到的。只有相信自己能够成功，并且坚定不移地相信自己，你才会成功。

进行积极的自我暗示

真正的困难不在上面所提到的两点。我们绝大多数人都不像德摩悉尼那么不幸，并没有口吃的毛病，也没有其他的先天不足。

从心理学上说，自卑或者羞怯感总是会不同程度地在我们身上存在着。美国的一个调查表明：在宴会上与陌生人接触时，大约有 3/4 的人会感到局促不安；同样，由于羞怯或者自卑感造成的演讲或其他说话失败的例子更是屡见不鲜。可以看出，一个人没有自信，并不是因为他自己真的天生不如人，而是他自以为如此。因此，只有完全克服这种感觉，你才能正常甚至超常发挥。

你所有的准备，都是为了说话的那几分钟。不管你准备得如何，在一般情况下，说话的时候都可能会有不自信的感觉袭来。产生它的原因，可能是你担心自己还没有完全准备好——实际上你已经准备得相当充分了，但是你认为自己可能疏漏了什么；也有可能是因为你担心听众比你的水平高，而你所讲的东西对他们来说过于简单；或者你担心可能会出现什么突发事件，比如在你的说话过程中有人打断你等等。这些想法最致命的危害

自信的方法

⊙找出让你感到不自信的根源，想办法解决它们。

⊙你的自信会引领你走向成功，所以，你需要自信满满地站起来说话，什么都不用想。

⊙如果你能发现，自己仅仅只是怯场——那不一定是由于不自信造成的——这样问题就好办多了，因为你可以夸张地相信，几乎人人都害怕当众讲话。

⊙自信并不是盲目的。如果你连你所要说的主题都没有进行充分的思考、连素材都没有准备好的话，你必须承认这一点。否则，如果因为没有充分准备而失败，你以后就会更加不自信。

就是给你消极的自我暗示。你必须想办法把它们从你的心里赶出去。

有位英国青年律师要和一群知名的律师在法庭上辩论。他做了充分的准备，但是仍然感到不放心，担心自己会把辩论搞砸。于是，他去请教法拉第先生。他问法拉第："我的对手比我知道的多得多，我必败无疑吗？"

法拉第先生简单明白地告诉他说："如果你想成功，告诉自己，他们一无所知！"

当你说话的时候，看着对方的眼睛，然后信心十足地说话，就好像他欠了你的钱，而他听你说话，只是为了请求你宽限还债的期限一样。这种心理暗示作用，对你树立自信也有很大的帮助。

拥有坚强的意志力

这一节里，我专门来讲关于意志力的问题。坚强的意志力要求我们在努力的过程中专心致志，拥有不达目的不罢休的韧劲以及克服困

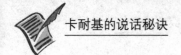

难的顽强精神。

如果我们想要成功，那么我们在做任何事情的时候都需要有坚强的意志力。英国政治活动家、小说家爱德华·立顿是一个成功者。他一生中走访了很多地方，所见甚广，也积极参与政界活动和各种社会事务；另外，他还出版了60本著作，而这些课题都是需要深入研究的。人们很奇怪整日忙碌的他竟然还有时间来做学问，于是问他：

"你在百忙之中居然还完成了那么多著述，难道你有可以同时完成这么多工作的分身术吗？"

爱德华当然没有分身术，他拥有的是坚强的意志力。他通常每天只花3个小时甚至更少的时间来研究、阅读和写作，但是他却充分地利用了这3个小时。在这些时间里，他全神贯注地投入到他的学习和研究中，用心极为专一。正是这种坚强的意志力，使他只用了少量的时间就取得了巨大的成就。

在致力于提高自己口才的过程中，我们也需要像爱德华·立顿一样心无旁骛地进行训练。因为只有充分利用了自己有限的时间，专心致志地致力于提高自己的口才，才能最终取得成功。

在进行初始训练的时候，你不可避免地会遇到挫折、困难。这些困难会给你带来不同程度的创伤，会使你的信心动摇。在你遇到困难的时候，不用去想为什么会有这些问题，因为本来就有这些问题。要知道，世上没有任何东西可以代替毅力和决心。许多人有才能但却失败了，就是因为缺少毅力和决心。我们要相信，最困难的时候，就是离成功不远的时候。成功的秘诀其实很简单，那就是无论何时，我们都不能允许自己有一点点的灰心。

我在前面举了乔·哈弗斯第成功的例子。乔·哈弗斯第成功的原因一方面在于他坚信自己能够成功，另一方面在于他有着坚强的意志力，在通往成功的道路上，他就是靠这个优秀的品质把困难赶跑的。

我将说一个故事来证明这一点，这个故事的主人公叫作克劳伦斯.B.蓝道尔,他现在已经登上了企业的最高层,成为了商界的传奇人物。

蓝道尔先生在大学里第一次站起来说话时，像很多人一样，因为不善言辞而失败了。当时，老师规定每个人有 5 分钟的说话时间，但是他却讲了不到一半就脸色发白，不得不十分困窘地走下讲台。

可是，他虽然有这样的经历，却并不甘心失败。他下定决心要成为一个说话高手，并且一直坚持不懈地努力，最后终于成为政府的经济顾问，受到了世人的仰慕。他写过许多富有启迪的书。在其中一本叫作《自由的信念》的书里，他提到了他当众演讲的情形：

"我的演讲安排得十分紧凑，因为我要参加各种聚会，其中包括厂商协会、商务部、扶轮社基金筹募会、校友会以及其他团体举办的聚会。我曾经在密歇根州得艾斯肯那巴发表爱国演讲，慷慨激昂地投身于第一次世界大战；我还和米基·龙尼下乡进行慈善演讲，与哈佛大学校长詹姆斯·布朗特·柯南、芝加哥大学校长罗伯·M．胡钦斯下乡进行教育宣传；我的法语很糟糕，但是我却用法语发表过一次餐后演讲。

"我认为我了解听众们想要听什么以及他们希望这些内容如何被讲出来。对于演讲的人来说，这里面的窍门就是：只要你愿意学，没有什么是学不会的。"

蓝道尔先生的故事告诉我们：成功的决心和信念，是决定你能不能成为一个说话高手的关键因素。如果我知道你的心思、知道你的意志的强度以及你是否有乐观的态度，那么我就可以准确地预测出你在改进当众说话技巧方面会有多快的进步。

任何人，只要他希望迎接语言的挑战，希望自己能够简单明白地表达自己的观点并让别人了解自己的才华，就一定要具备坚毅的决心。

在那些成功地获得了说话技巧的人当中，只有极少数人是真正的天才，大部分人都是跟你我一样的普通人。但是，由于他们肯坚持，他们也同样获得了成功。至于较特殊的人，则有时会气馁，没有坚持下来，结果反倒庸庸碌碌。只要有胆量、有目标，走到路的尽头时，往往也就爬到了顶端。

这是合乎人性与自然的。在商业领域以及其他行业中，相似的事情随时都在发生。著名的石油大王洛克菲勒曾说：耐心与相信收获终

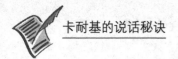

如何拥有坚强的意志力

⊙当你失败的次数够多，而你又没有被击倒，你就一定会成功。

⊙一个人的成功，在很大程度上取决于他的信念程度。成功者只是多了一份坚持。

⊙如果你用顽强的意志克服了一种不良习惯，那么你就能获取面对另一次挑战并且赢得胜利的信心。即使面对的新任务更加艰难，但既然以前能成功，这一次也一定会成功。

⊙在遇到困难时，想象自己克服它之后拥有的快乐。

⊙如果你因为看不到实际好处而对口才训练三心二意的话，光有愿望是无法使你心甘情愿地坚持下去的。试着权衡利弊——想想如果不成功的话将会有什么结果，而成功的话你又有什么收获，这样你就会主动地坚持下去。

将到来是商业成功的第一要诀。它也是说话能够成功的重要条件之一。坚定地相信自己会成功，你就会去做走向成功所必须做的一切，因而也必定能成功。

你要注意的是，坚强的意志力并不是一朝一夕就可以具有的，也并非是生来就有或者是不可能改变的特性，它是一种能够培养和发展的技能。你在平时就应该培养自己坚强的意志力。

不放过每一个练习的机会

我们都知道，一个人如果不下水，便永远也学不会游泳。说话能力也是如此。如果你不开口说话，即使学到了再多的关于口才或关于发音的知识，也不可能学会它。我前面举的所有说话高手的例子中，如果他们不经常说话并且不思考怎么更好地说话，他们也是不可能取得成功的。

第一次世界大战以后，我在125街青年基督协会所教授的课程已经改变，不再像当年一样。我每年都有新的观念加入课程，而有些旧思想则会被淘汰。但是有一点一直没有变化，那就是训练班的每个学员都被要求至少当众说一次话，更多的时候是至少两次。我认为，如果不经常练习的话，就算你读遍了所有关于口才的著作——包括我这本书，你也仍然学不会如何说话。所以，本书对你只是指引，你得有自己的实践才行。

每个人都会有理想的自我形象，希望别人以赞许的目光来看待自己。当他跟某个陌生人接触、与异性交往、与权威人士交谈或是当众说话的时候，他就会不由自主地意识到自我形象面临着某种威胁，担心自己一说话就错误百出、当众出丑，害怕别人说自己"笨蛋"、"没水平"或者"爱出风头"、"好表现"等。很多人由于对说话可能产生的结果的不确定性感到担心，因此不愿意开口。这种担心是完全没有必要的。你要知道，即使你没有说好，天也塌不下来，没有人会责怪你的。

萧伯纳向别人介绍自己提高口才的经验时说："我借鉴了自己学溜冰的方法——我让自己一个劲地出丑，直到学会为止。"无论你是想成为一个像萧伯纳那样出色的演讲家，还是只想在人们面前从容不迫地讲话，你都应该抓住每一个可以练习的机会，尽量让自己"出丑"。

说话的机会到处都是。看看自己的周围，你会发现没有一个地方是不需要说话的。你可以有意识地参加一些组织，从事一些需要讲话的工作；你也可以在聚会上站起来说上几句，哪怕只是附和别人的几句话；开会的时候，不要让自己躲在角落里，而是要命令自己勇敢地站起来说话。只有这样，你才会知道自己有怎样的进步，才会学会说话的本领。

当你开口说话的时候，一开始你可能连自己都不知道自己想要表达什么观点，更谈不上什么文采和修饰了，但这不是什么大事。最重要的是你已经成功地开口说话了，如果你能坚持下去，接下来你要关

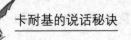

心的问题才是这些。不论你有多么渊博的知识、多么睿智的大脑，你都不要期望一开始就能清晰明白地向别人表达出来。任何成功的说话高手都是从这一步走过来的。

"你说的这些道理我全都懂，"有一次，一位年轻的商务主管学员对我说，"可是我还是很犹豫，我似乎害怕学习的艰难和考验。"

"什么艰难、考验呢？"我说，"赶快丢掉这些思想吧！你为什么就不能用一种正确的征服性的精神来看待这个问题呢？"

"那是什么精神？"他问道。

"冒险精神。"我说。接着我又对他谈了一些通过说话获得成功，并且使自己的个性也发生了好的变化的例子。

"我一定要试试，我也要去从事这项冒险活动。"他最后说。

你正在读的这本书，是一本关于冒险行动的书。当你继续阅读本书并打算付诸实施的时候，你也是在进行跟他一样的冒险。你将会发现，在这项冒险活动中，你的自我引导能力和敏锐的观察力将会给你带来帮助；你还会发现，这项冒险将会从内到外地改变你。

抓住每一个机会说话

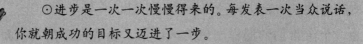

⊙进步是一次一次慢慢得来的。每发表一次当众说话，你就朝成功的目标又迈进了一步。

⊙当你错过一次说话的机会，你应该感到非常后悔。

⊙开始学习说话时，你的过度紧张是可以原谅的。

⊙如果不开口，你永远提高不了你的说话能力，而别人将得到这个锻炼的机会。

第二章
充满魅力的
通用语言

　　什么样的口才是好口才？也就是说，怎么样判断一个人是否拥有好口才？道格拉斯·凯奇的话提供了一个标准，他曾经说过："说话的艺术，并不是不讲真话，而是在讲真话的同时不触怒对方。语言的良好表达方式，并不是能言善辩，而是说话要合乎情理、打动人心。"

　　当然，还有更多的标准。在这一章里，我试图为大家介绍好口才的基本原则，这些原则同时也可以是判断一个人是否拥有好口才的标准。但是对我们来说，也许更加重要的是，这些标准并不只在我们判断谁是说话高手的时候有用，而是如果你打算成为说话高手，你就需要遵循这些原则。

实现有效交谈很重要

　　虽然讲了很多，但我们还有一个非常重要的概念没有提及，那就是有效交谈。有效交谈是这样一种交谈：通过一定的方式进行当众说话，最后将你想要表达的观点或意见准确地传达给你的听众，进而达到你说话的目的。这听起来似乎很复杂，其实却很简单。它要求不说"废话"，却能将你的意思表达清楚。

　　一切说话的艺术都是服务于你说话的目的。你或许想使你的听众明白你的观点，或许想让他们改变自己的观点转而赞同你，这样你就需要采取一种适当的方法让你的说话发挥作用。比如，"使对方一开始就说'是'"，我们说这样一种说话策略或艺术是一种有效的说话方式，那是因为这种方式有益于实现有效交谈。

　　在现实生活中，我们很多时候由于没有注意到适当的说话方式或其他种种原因，而没有实现有效交谈。比如，一个新手对着一位顾客推销他的汽车，但是到最后都没有使顾客明白这辆汽车到底有哪些优点以及他为什么要选择这辆汽车，那么我们就说这个新手没有实现有效交谈。需要注意的是，假如顾客意识到了这辆汽车确实很不错，但是由于其他原因而没有买，这种情况下，我们认为这个推销员实现了有效交谈。

　　凯瑟林·阿尔弗雷德是一家纺织厂的工程总监。这家工厂以前采用的方法和标准足以应付过去的生产量。但是最近，他们增加了新的项目，加大了生产任务。为此，凯瑟林设计了一套新的标准，它不仅使员工可以根据纺纱的质量和数量来提高自己的收入，而且使工厂提高了生产量。凯瑟林在一次会议中向公司的领事层介绍了这套新的标准，并且希望得到采用。她因为相信自己设计的标准更加适合公司的发展，因此指出公司原来的做法是完全错误的，并且为新办法进行了辩护。她满以为自己会得到大家的支持，可结果却是，凯瑟林的新标准没有得到通过。

凯瑟林的标准明明比以前的更加先进，领导们也知道这一点，为什么却不让它通过呢？唯一的解释是，凯瑟林没有实现有效交谈。她忽视了说话的技巧和艺术，没有给领导留面子。

凯瑟林在上了卡耐基训练班的几堂课之后，开始意识到这一点。她建议再召开一次会议。会上，她请领导们指出问题出在何处，就每一个要点展开了讨论，并请他们拿出解决方案。而她在适当的时候，引导他们依照她的思路来提建议。这么一来，当会议结束的时候，她所要提的方案就差不多出来了。他们也很赞同这个方案。

这个例子说明：实现有效交谈是十分重要的，它在很大程度上（但不是绝对）决定了你能不能达到你的目的。而有效交谈的实现，则需要适当的说话方式。如果你希望自己的讲话能够成功，你就应该注意运用有效的说话方式。

我平时很少看电视。最近，一个朋友介绍我看一个针对家庭主妇的电视节目，这个节目的收视率特别高。朋友认为，这个节目可能会引起我的兴趣。结果证明他是对的。我看了几次这个节目后，确实对它产生了兴趣——那位主持人请观众参与谈话的方式很特别，观众的说话方式也很有意思。这些人虽然不是职业演讲者，也没有受过口才

实现有效交流的方法

⊙记住你说话的目的。这将使你将自己的全部精力集中到讲话中去，从而调动所有的器官来完成这一交流。

⊙不要忘记听众，将自己时刻放在听众的立场来考虑问题。

⊙为你的话题做好充分准备。

⊙千万不要认为自己是在对自己说话，这个虚幻的念头将使你的注意力发生转移。

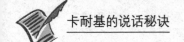

和人际沟通方面的培训，甚至有些人讲得很差，还讲错了很多字，但是他们全都说得很有趣味，在镜头面前也绝没有恐惧的感觉。所以，他们的谈话也吸引了许多观众的注意。

我发现：这些普普通通的说话之所以能吸引电视观众的注意，是因为他们谈论的话题都是关于自己的。他们根本没有想到什么绪论、正文和结论，也不在乎能否使用粗鄙的词语，但是他们却获得了观众的认同，并将他们要说的事彻底说了出来。我们可以说，这些人就是运用了有效的方式，进行了有效交流，而结果是他们吸引了电视观众。

根据对方决定说话策略

我们已经讲过，说话不是说话人一个人的事情，而必须考虑听众。我们讲话的目的，是要表达自己的观点给别人听。那么，能否达到这个目的，最终的决定因素还是听众。因此，我们在说话时，要尽量使用适合对方的表达方式，即根据对方决定我们的说话策略。

遗憾的是，我们没有一种放之四海而皆准的说话艺术来使你轻易地掌握说话技巧。在说话之前，你有必要对下列问题仔细地进行考虑：你要对谁讲、将要讲什么、为什么要讲这些内容以及怎么讲等。

事实上，自从我开办卡耐基训练班以来，我面对过难以计数的不同的人，他们都需要我向他们表达我的观点。我要使自己的讲课和谈话能够适应他们，就不得不不断调整自己的说话策略。你应该像我一样，面对不同的人，随时准备改变你的说话策略。

同样的一种说话策略，对不同的人为什么不一定都适合呢？这是因为人的心理素质、性格、受教育程度、成长环境等都不相同。比如，我可以对害羞的 A 小姐进行鼓励，以建立她的自信，从而使她能够站起来当众说话；对好辩的 B 先生则进行容忍训练，让他给别人说的机会,使得他不会因为自己的冲动而失去顾客。之所以采取不同的策略,就是因为 A 小姐和 B 先生的性格不相同。

不同的人接受他人意见的方式和敏感度是不一样的。一般来说,文化水平较高的人不屑于听肤浅、通俗的话,对他们应该多用抽象的推理;文化层次较低的人则正好相反,他们听不懂高深的理论,对他们应该多举明显的例子。对于那些刚愎自用的人,不必循循善诱,你可以用激将法;对于喜欢夸张的人,不必表里如一,可以进行诱导;对于生性沉默内敛的人,不妨循循善诱、语重心长;对于脾气暴躁的人,用语要简明快捷;对于思想顽固的人,要看准他感兴趣的东西,然后通过这些兴趣点改变其思想,如此等等。只有知己知彼,你才能取得说话的最好效果。

罗素·康维尔前后发表过以"发现自我"为题的著名演说近 6000 次。你或许会感到不可思议,或许认为重复这么多次的演讲,其内容应该已经根深蒂固地刻在演讲者的脑海中了,所以每次演讲时连字句音调都不会作任何改变了。

事实并非如此。康维尔博士知道,听众的知识水平与背景各不相同,只有让听众感到他的演讲是有针对性的、活生生的东西,是特意为他们准备的,这个演讲才会引起他们的兴趣。他是怎么做到这一点的呢?他是怎么在一场又一场的演讲中成功地维系着自己和听众之间轻松愉快的关系的呢?请看他自己的回忆:

"在到了某一个城市或镇上准备发表演讲之前,我总是先去拜访当地的经理、学校校长、牧师等有知识或有名望的人,然后走进商店同那里的人们谈话,这样我就可以了解他们的历史和他们个人的发展机遇。之后,我才发表演讲,并在演讲中和他们谈论他们感兴趣的话题。"

康维尔博士非常清楚地知道,成功的沟通必须依靠演讲者使他成为听众的一部分,同时也使听众成为演讲的一部分。尽管这篇重复了近 6000 次的演讲成为人们最欢迎的演讲,但我们却找不到演说词的副本。由于康维尔博士的睿智和勤奋,所以虽然这一相同的主题他已经给数不清的人们讲过,但同样的演讲不会说两次,因为他面对的是不同的人。

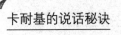

有一条船航行至海上时，突然发生了意外。船长命令大副去叫乘客弃船。大副去了半天，结果却悻悻而回。他说："他们都不愿意弃船，对不起，我实在没办法了。"

船长只好亲自到甲板上去。不一会儿，他便微笑着回来了，然后对大副说："他们都跳下去了，我们也走吧！"

大副很惊讶，于是问船长是怎么做到的。

船长说："我首先对那个英国人说：'作为绅士，你应该做出表率。'他就跳下去了。接着，我对法国人说：'那种样子是很浪漫而且潇洒的。'于是他也跳了下去。然后，我板着脸对德国人说：'这是命令，你必须跳下去。'于是德国人也跳了下去。"

大副听了十分佩服，说道："太妙了，船长，那么美国人呢？"

船长回答："我说：'您是被保了险的，先生。'那人夹着皮包跳下水去了。"

这虽然可能不是一件真实的事，但是却说明了一个道理——你也许已经有所感悟——即我们在说话时，应该时时记着特定的听众。而在说话之前，我们应该知道这些听众是什么样的听众。具体而言应该如何做呢？至少有以下几点你需要注意：

谈论对方真正感兴趣的话题

你必须谈论对方真正感兴趣的话题，这是接触对方内心思想的妙方，这样的话你就已经成功了一半。每一个拜访过罗斯福总统的人，都会对他渊博的知识感到十分惊讶。波赖特福是研究罗斯福的专家，他解释说："不论是牧童、骑士，还是纽约的政客、外交家，罗斯福都知道该和他谈论什么话题。"而之所以能做到这一点，是因为罗斯福总是会在访客到来之前，翻阅一些对方特别感兴趣的资料。

使用对方所熟悉的事例

你必须使用对方熟悉的事例来说明你的观点。也许你辛辛苦苦地说了半天，却还是没有把自己的意思向听众们解释清楚。我的建议是，不妨把你的道理和听众熟悉的事情作比较，告诉他们这件事情和他们所熟悉的那件事情道理是一样的。

曾有一个门徒问耶稣，为何他总是喜欢用比喻来向大众讲道理。耶稣说："因为他们虽然在用眼睛看但是却看不见，虽然在用耳朵听但是却听不见，这样，他们自然就不了解了。"当你向听众谈论他们不熟悉的话题时，他们会有很深的了解吗？这自然很难。所以，我们需要把人们不知道、不熟悉的事物和他们已经知道、已经熟悉的事物联系起来。

当化学家要向孩子介绍催化剂在化学中对工业的贡献时，如果他说："这种物质能让别的物质改变而不会改变自身。"孩子也许很难懂得。

但是，化学家可以说："它就像个调皮的小男孩，在操场上又跳又打又闹，还推别的孩子，结果自己却安然无恙，从没有被人打过。"这不是更加容易使孩子们懂得吗？

避免使用专业术语

如果你是一位医生、律师或经济学家，当你打算向外行人介绍一些你的专业知识时，千万要慎用专业术语，即使用了专业术语你也必须极为小心地作详细的解释。

我曾经听过无数次失败的演讲，演讲者并非没有渊博的专业知识，

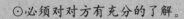

根据对象决定如何说话

⊙必须对对方有充分的了解。

⊙当你说话的时候，不要想当然地认为对方会懂得你说话的内容。

⊙尽量不要使用只有你个人才熟悉的词语。

⊙把你的话题引导到对方感兴趣的话题上来。

⊙不要使你说话的内容充满空洞的词汇，你可以多举一些事例来加深对方的理解和印象。

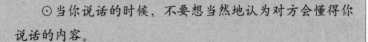

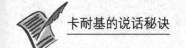

有些甚至还有不错的演讲技术，但是他们的不小心却使得他们失败了，而且败得很惨。为什么？因为他们忽视了一点，那就是：一般听众对他们的行业缺乏了解，可是他们却高谈阔论，在自己的演讲中大量地使用专业术语，使得听众越听越迷惘。他们的演讲简直如同天书，所以会毫无效果。

因此，记住亚里士多德的一句话："思维如智者，说话如众人。"不过，我并没有说绝对不要用术语。当你下次说话想用专业术语的时候，你必须谨慎地向听众进行解释，这样才能使他们懂得你说话的主旨——而那些需要一再使用的关键词则更是这样。

说话要注意方法

一次，一位政府高级官员把美国参议院调查委员会的委员们搞得坐立不安、如堕雾里。这位官员不停地比画，却含混不清、毫无重点，根本没有把他的意思表达清楚。结果委员们的困惑也逐渐增加。

后来，一位来自北卡罗来纳州的参议员小萨姆尔·詹姆士·阿尔文抓住机会，打了一个精彩的比方。

他说："这位官员让我想起了我认识的一个男人。这个男人通知律师，他将与老婆离婚。不过他却向律师承认，他的老婆很漂亮，饭菜做得好吃，是个贤妻良母。

"律师问他：'既然她这么好，你为什么还要离婚呢？'

"'她总是在我的耳边说个不停，让我受不了。'这个男人说。

"'她都说了些什么呢？'律师问。

"'我最讨厌的正是她这一点，'男人回答，'她从来就没有把话说清楚过。'"

这个高级官员正是这样的。遗憾的是，很多说话的人都是这样，大家根本不知道他们在说些什么，他们也从来没有说清楚，从未把自己的意思讲明白过。

"任何题材，说得好还是不好，完全取决于讲那件事的人怎么样去讲，而不在于所讲的是什么。"这句话出自英国著名政治家昆特莱，一度流传甚广。我虽然不完全同意这句话，但是它的确说出了只有说话的方法得当才能把话说好的道理。

说话真的有这么难吗？不是的，只是我们需要掌握一定的方法而已。罗德威·威根斯坦说："凡是可以想到的事情都是可以清楚地思考的；凡是可以说出来的东西都是可以清楚地表达的。"

如果你想要把自己的意思表达清楚，让对方毫不困难地了解你，你可以学着使用下面的方法：

限定你的要点

我曾经听过一个人在 3 分钟之内谈了 11 个要点。这就是说，他用平均 16.5 秒来说明一个要点。我想，即使他是一个天才，也做不到这一点。结果果然如我所料，他说得的确很失败。他就像一个导游带着一群游客，想要在一天之内匆匆地看完伦敦所有的风光——这是有可能的，但是，这样的游览有什么意义呢？看完之后，人们根本记不得自己看到了什么。他也是这样，说话时像一只羚羊飞快地从这一点跳到另外一点，弄得对方最终什么印象也没有。

有时，一些经验丰富的说话高手也会犯这样低级的错误。不过，由于他们具备多方面的才华，所以错误并没有一般人那么严重。但是你千万不要向他们学习，你应该紧扣你的主题。把你的主要观点讲好之后，对方也会被你深深吸引住的。

逻辑顺序要清晰

所有的说话内容都可以用一定的时间和空间顺序或者事物的内在逻辑顺序进行组织。像时间，我们既可以按照"过去、现在、未来"的顺序来组织、展开说话内容，也可以采取完全相反的顺序。而在空间顺序的说话方式上，则可以以某一点为出发点，然后向外拓展；当然，

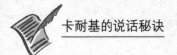

说话要注意方法

⊙注意如何把你的意思表达清楚。

⊙如果你发现别人对你的讲话感到茫然，可以换一种方法说出来。

⊙不管怎样，你最好能用最简单的方法使别人明白你说的话。

也可以按照方位的顺序来处理。另外，还有一些题材，其本身就有自己的内在逻辑顺序，你只要依照它去说就行了。

逐条说明重点

在你说话的过程中，要明白地表达你的重点，并且告诉别人，你将怎样讲、接下来会讲什么，这样的话对方会很容易对你的说话有一个条理清晰的好印象。你可以这么说："我要讲的第一点是……"接下来谈论你的第二点、第三点，这样就显得简单而清晰。当然，你也可以使用其他的关联词语。

在美国国会联合委员会举行的商业会议上，著名的经济学家、伊里诺州参议员道格拉斯发表了成功的演讲，他巧妙地运用了这种方法。

一开始他说："我为大家演讲的主题是：最迅速、最有效的经济增长方式是减征那些差不多用尽全部收入的中低收入阶层的个人所得税。"

接着，他用这样的方式继续他的演讲：

"具体说……

进一步说……

此外……

我这样说，是基于以下三个理由：第一……第二……第三……"

最后他说："总之，我们要做的是立即减征中低收入阶层的个人所得税，以增加需求与购买力。"

这样，整个演讲显得紧凑有序，而且很有说服力。

让对方熟悉你的题材

这个问题我之前已经谈论过了，那就是慎用专业术语，用人们熟悉的语言和题材来跟他们说话，这里我并不打算再进行说明。

借助工具

你可以借助工具来说明你的问题。它可以是一些你讲述到的东西，也可以是图片资料或者幻灯片。在这个科学技术日益发达的社会里，这些东西往往使人们觉得比较亲切，它们更能吸引人们的注意力，更能激发人们的兴趣，而且可以更清楚地表达我们的观点和思想。

话要说到点子上

如果一个朋友对你说一件他经历过的事情时这样说："我到一家公司去谈业务。那家公司在××街的转角，门牌是××号。××路正在修马路。我记得这家公司以前不在这个位置，以前应该是在××街，也可能不是。我去那家公司遇到了……"

虽然他讲了一大堆话，但是你发现你根本不知道他想要讲什么。后来他终于讲到他在那家公司遇到了一个老同学，你才恍然大悟，明白他要讲的原来是这件事。

其实他不必说那么多话。他为什么不直截了当地把要表达的意思说清楚，却说了那么多不知所云的废话呢？那是因为他没有说到点子上。

你可能也面临过这样的困境：当你费尽九牛二虎之力终于讲完话的时候，对方却仍然一片茫然，他根本没有听出来你打算讲什么意思，直到你最后强调了你的观点之后，他才会说："哦，原来你要说的是这个！"

我们都知道这么说话的效果很差，因为你既没有让别人明白你的意思，又没有使你的话具有很强的说服力。原因在哪里？因为你没有说到点子上。

　　很多人在表达观点时，喜欢在最后才引出自己的结论。这是他们在中学和大学里学到的技巧。这样做导致的结果是，在得出主要观点或者结论的时候，对方早已对你所说的话没有兴趣了，因为他们已经没有足够的耐心了。这也是由于你没有抓住重点。

　　有人认为，说话说得越长代表说话者的水平越高。这是一种错误的看法。主祷文仅有 56 个字，如果把它的篇幅加长一点，你认为它还有那么大的感召力吗？

　　林肯总统在葛底斯堡的讲话也只有 226 个字，但它却流传至今。在那次典礼上，来自马萨诸塞州的爱德华·伊韦瑞特发表了长达两个小时的演讲，随后林肯却只讲了两分钟，可是你对爱德华·伊韦瑞特这个名字有印象吗？

　　事实上，无论事情多么复杂、道理多么深奥，都只是那么一点或者几点经过概括和抽象的认识。而这些认识，是精华，是核心，是本质。只要抓住他们，你就能使你的说话言简意赅、简练有力。

　　当你和别人交谈时，你说了一大段话才把观点表达清楚，或者更糟，你自己都不明白自己在讲什么，尽管对方表现得彬彬有礼，可他们还是会面带倦容。你完全可以说得更加简练些，用尽量少的话表达你的观点，即抓住你说话的重点。

　　当然，如果你觉得必须用一篇论文才能说清楚你的观点，我并不反对。但是如果事情明明可以用一句话说完，你为什么非得把它说成一篇论文呢？根据我的经验，长篇大论一般都会损害你说话的内容。当你把它写成论文的时候，你必然会用许多与你的意见毫无关系的词语来充斥你的论文，从而使你说过多的废话。

　　上面的道理听起来似乎很容易，但是人们往往因为各种原因，在实际讲话的时候忘记了这一点。

　　约翰是美国加利福尼亚的一个富翁。某年他飞往国外，准备在当地寻找合作伙伴投资建厂。3 天后，该国某厂的一位经理跟他进行了商业谈判。这位经理十分能干，通晓市场行情，约翰对他十分满意。他

话要说到点子上

⊙把废话从你的讲话里面剔除出去，那些只会使对方对你的讲话失去兴趣。

⊙可以用一句话表达清楚的事情，绝对不用更多的话。

⊙时刻不忘说话的主题，它就像一个统帅一样，把凡是不属于它率领的"杂牌兵"统统赶出队伍。

⊙训练用一些简单明了的概念来表达你的观点。

接着对合资企业的前景作了一番令人鼓舞的描绘，令约翰感到十分高兴。正准备签约时，这位经理颇为自豪地说："我们公司2000多名职员，去年共创利100万美元，实力绝对雄厚……"

约翰一听，心里想：2000多名职员一年才赚这么一点儿钱？这离自己的预期利润相差太多了，而且，这位经理还这么自豪和满意。于是约翰当即终止了合作。

试想一下，如果那位经理不说那句沾沾自喜的话，谈判就一定成功了。正是他不着边际的话暴露了他和公司的弱点，从而使他失去了这笔重要的业务。回想起来，那位经理一定会十分痛心。

我们经常看到，有的人滔滔不绝地谈论，然而词不达意或语无伦次，让人听了生厌，还有些人则喜欢夸大其词。我们在说话的时候，一定要把多余的话去掉，准备一些简单明了的话，一开口就往点子上说，千万不要生拉硬拽，令人不知所云。

要把握说话的分寸

中国有句古话含有十分深刻的哲理，那就是："过犹不及。"意思是

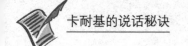

说超过一件事情所要求的范围，跟没有达到它的要求是一样的，都是不可取的。

这句话运用到口才训练中也照样有用。我在前面说过，我们要鼓起勇气，站起来说话。但是我也同样说过，要多给别人说话的机会，不要使自己说得过多。不说话和说得太多，都是你当众说话必须要避免的。这就是说，你要注意把握说话量，既不能说得太多，也不能说得太少。

另外，你在说话时也要注意把握说话程度，虽然这好像是一件十分麻烦的事情。比如，当你要赞美一个人有学问的时候，你既要让对方知道你是真心地敬佩他，也不要赞美得过分，免得让对方误解你有什么不良企图，从而怀疑你的真诚。真诚的赞美一般是符合实际情况或者与实际情况稍有出入，但是过度的赞美却是远远不符合实际情况的。比如，你看到一个患了痴呆症的小孩时，你却对他的母亲说："你的孩子看起来很聪明！"不论你有多么真诚，他的母亲都一定会以为你不怀好意，甚至会以为你是在讽刺她。但是你如果说："你的孩子看起来很健康！"这样，效果就会好很多。

当你需要指出对方的缺点的时候，你既要让他知道自己确实有缺点、必须加以改正，又不能伤害他的自尊心。

美国陆军第 542 分校的士官长哈雷·凯塞在训练预备役军官时，面临着一个问题：预备役军人往往认为自己是老百姓，所以不愿按照规定把头发剪短。为了解决这个问题，以前正规军的士官长通常会对这些军官吼两声，然后命令他们把头发剪短。但是凯塞并不愿意这么做，因为这会伤及他们的自尊。

于是，他这样对军官们说道："各位先生，你们都是领导。你们知道，以身作则是最有效的方法了，所以，你们最好为你们所领导的人做个榜样。大家都知道军队对头发的规定。虽然我的头发比你们有些人的头发要短得多，但是今天我也去理发。你们可以对着镜子看看，如果你们想做个榜样的话，是不是应该理发了？如果有需要的话，我会帮你们安排时间去营区理发部理发的。"

结果，有几个人去镜子面前看了看，下午就去理发部理了发。次日，凯塞在对军官讲评的时候说，他已经在部队里发现有些人已经具备领导者的气质了。

凯塞并没有对他的军官们进行严厉的批评，这就说明他掌握了说话的分寸，因而取得了较好的效果。

当然，你还需要在别的更多的地方注意说话的分寸。比如，你应该谦虚，但是却不能过于谦虚，否则对方会认为你很虚伪；当你被邀请起来说话的时候，你不能一个劲地向听众表示你没有做多少准备，这样他们会厌恶你的。

不同的分寸需要针对不同的人。如果他是你的朋友，你可以对他开玩笑，他不至于对你发火，但是如果你过多地对一个刚刚认识的人开玩笑，他很有可能嘴上不说，心里却已经对你不满。你可以对这个朋友开玩笑，却不能对那个朋友开玩笑，这并不代表前一个朋友与你的关系好一些，而是因为每个人都是不一样的。

当你决定开玩笑时，首先要注意你的这个朋友是否经得起你的玩笑以及他能够忍受的限度。如果此人平时就喜欢和大家一起开玩笑，任你开玩笑他也不会动气，那么你可以选择他。但是有的人虽然喜欢跟人开玩笑，但一经别人取笑却既无立刻还击的聪明才智，又无法接纳别人的玩笑，结果只能在心里生闷气，这样你最好别选择他。

还是以开玩笑为例，即使对经得起玩笑的朋友，你也不能过分地开玩笑。据我观察，普通的一句玩笑是一般的人都可以接受的，但是如果你专对一个人开玩笑，那么这个人即使再大度也会被你激怒的。一般而言，开玩笑要避免伤及对方的自尊，如果使对方太难堪，就会失去开玩笑的意义。

分寸还要针对不同的场合。在比较正式的场合，你需要一定的庄重和礼貌，这样能使你得到别人的好感，但是也不宜过于死板；而在比较随意的场合，如果你还那么庄重和礼貌的话，你会被认为死板和

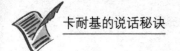

把握说话的分寸

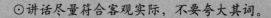

⊙讲话尽量符合客观实际，不要夸大其词。

⊙要拿出你的真诚来，使对方非常相信你。

⊙懂得什么时候说什么话、什么场合说什么话。

⊙把你应该说的话说完，把你的意思表达清楚，不要说你不应说的话。

不易亲近，当然，也不能过于狎昵。

同样地，我在前面提到过要跟别人分享你特殊的经验，这是一种简单而有效的谈话方式。但是，这并不意味着我支持你向所有人公开自己的全部秘密，也不是要你一味地说自己的事情。事实上正好相反。你只要想一想，你真的想知道邻居得了什么样的胆结石吗？你希望听你的朋友没完没了地谈论他在丈母娘家度过周末吗？你根本不会感兴趣，因为这些东西对你没有用处。而一个人之所以对你的话题感兴趣，是因为你的事情对他来说有用。

这么说来，要把握说话的分寸确实很麻烦，但这又是我们必须要注意的。除了上面提到的问题外，下列几个方面也值得你注意：

称呼问题

正确恰当的称呼，既体现了你对对方的尊敬和你们之间的亲密程度，又反映了你的素质。人们通常对称呼十分敏感，尤其是初次交往的时候。有时称呼不当会使交际双方产生严重的交流障碍。

称呼不仅仅是一种礼貌。不论你怎么去称呼他人，你必须强调这样的一些意思，即"你很重要"、"你很好"、"我对你很重视"。这一点我将在以后详细讲述。

询问健康状况

需要注意，对初次见面或你还不熟悉的人，一般不要询问对方的健康状况，这会让人觉得很唐突。只有当和很亲密的人在一起的时候，你才需要对他的健康状况表示关心。

有争议性的话题

除非你很清楚对方的立场，否则应避免谈及具有争议性的话题，如宗教、政治、党派问题等。

他人的隐私

对对方的问题可以表示关心，但是涉及他人隐私的问题则不要轻易接触，比如对方的年龄、薪酬等。

个人的不幸

不要和他人提起他所遭受的伤害，比如他离婚了或是有家人去世等。当然，如果对方提起，则要表现出关心，要让他知道你很同情他，但是不要为了满足自己的好奇心而追问他不想告诉你的一些事情。

关键时刻停3秒

你可能遇到过这种事情：说话者才华横溢、口若悬河，当他说完的时候，人们确实觉得他说得很精彩，但是如果让他们回忆哪些地方精彩的话，他们会告诉你没有什么印象了——他们可能只是对最后几句话印象深刻。

在关键时候停顿下来，能够使你的讲话增添"趣味"，就好像是在烹饪的好汤里撒盐一样。大多数情况下，停顿运用得太少会使说话索然无味，而这样势必会影响讲话的质量。

良好的说话技巧表现在，它既能够帮助对方更好地理解，也恰恰能够帮助你达到说话的目的。这其中一个重要的技巧就是说话的停顿。有意识地运用停顿，你几乎可以达到你希望达到的所有效果。很多人都经常忘记，停顿和说话是一起被人们听进耳朵的。

林肯总统讲话时有一个绝好的技巧，就是在他想把一个重要思想

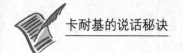

关键时刻停3秒

⊙把握好说话的节奏，明确什么时候该停、什么时候该连贯。

⊙让对方认识到你是在有意识地停顿，否则你使用停顿不但没有任何好处，反而会影响你说话的质量。

⊙在关键点上停顿，但不可停顿太久，不要让对方等急了。

⊙停顿不是为了给自己思考的时间，而是给对方思考的时间。

深印到对方脑海里的时候，就把自己的身体前倾，两眼盯住对方，一言不发。这突然停顿的效果和突然的一声巨响一样，都是惊人的，那就是能引起对方最大限度的注意。

当林肯与道格拉斯议员做著名的辩论的时候，他惯常的忧郁表情显然不利于他，因为这使他说出来的每一个字，仿佛都带有凄凉的味道。因此，当将要结束的时候——我们认为这个时候是辩论的高潮——他突然卷起他的衣袖，两眼逼视讲台下那些快要打瞌睡的，也可能是对他怀有好意的听众，沉默一会儿后，用一种特别的声调说："我的朋友们，我和道格拉斯先生，无论谁当选为上议院议员，其实都不重要。可是，今天，我要在你们面前提一个很重要的问题，这个问题的重要性远远在我私人的利益或者任何党派的命运之上。朋友们！"说到这里，林肯又停了下来，看着听众，让他们等待他接下来的话，以便让他们能够把接下来的每一个字都印到脑海里，"那个问题，即使在道格拉斯先生和我死后被埋进地里，好辩的舌头已经腐烂、不再说话的时候，它也仍旧存在，而且仍在所有人心中燃烧。"

有人评论林肯的这个技巧时说："这几句简短的话和他讲话时的态度，触及了每一个人的心灵深处。林肯在讲话时，常常在一些重要的字句之后突然停顿一下。他深知这样的一种沉默，可以将他的每一个重要意思完全送进别人的脑海中去。"

　　罗兹爵士也常常是这样。他在每一个重要字句的前后都要停顿几秒钟，甚至在一句话中会停顿 3 ~ 4 次。而且，他停顿得十分自然，一点都不勉强、做作。

　　现在，我把下面一段话中应该停顿的地方标了出来。你可能认为我标得不是很好，你完全可以有自己的意见。所标的东西不是不能改变的，这没有一定的法则。而且，也许你今天认为要在这个地方停顿，明天却以为应该在那个地方停顿。当你试着读它的时候，最好先用不停顿的方法读一遍，以便比较停顿后的效果。

　　"商场如战场，（略停顿，以便使这句话印入听众的脑海中）只有以战士般的勇气才能在商场中立于不败之地。（停顿）我们或许并不想这么做，但是，要知道，这种情况不是我们造成的，（停顿）而且，我们也不能改变什么。（停顿）如果有一天，你加入了一个商战的联盟，你就得拿出你的勇气来。（停顿）不然的话，（停顿一两秒）你干任何事都会有失败的危险。（停顿）就像打球一样，（停顿）如果一个人想一棒把球打出去而可以使人跑完三垒，那么就不要对对方的投手感到畏惧。（多停顿一会儿）请务必记住，（多停顿一会儿）那位能够一棒把球击出球场以外而安然跑完全垒得到一分的球员（多停顿一会儿，以使听众着急等待你说出是谁），在他的心里，必定是早已经有了坚定的意志，他一定咬紧了牙，为他那一棒惊人的事业做好准备了。"

　　另一方面，停顿有助于你减少使用语气词。你可能经常用"唔"、"嗯"、"你知道"等毫无意义的词语，这些词语经常是在你自言自语或者寻找合适的机会时讲出来的。如果你频繁地使用这些语气词，它们会使你的讲话比连贯时更容易分散对方的注意力。停顿就能够让你不发出不必要的声音。

　　你可能担心停顿会使你流畅的讲话出现空隙。事实上，如果在必要的时候停顿的话，你就赢得了对方的注意力，也赢得了他对你接下来要讲的话的急切盼望的心情，同时也给了他一个很好的机会对所听到的内

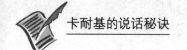

容有所反应。而且，在你停顿的时候，你可以利用这个时间回味一下你的上一句话。

当你有意识地停顿的时候，你一定要看着对方，或者用目光盯着他。如果你看着你的脚尖的话，他可能会以为是窘迫和尴尬使你停了下来。那样一来，你就会得不到应有的效果，即使后来你让人们知道你很自信，也会得不偿失的。

别光顾自己说

我这个题目的意思是：我们在讲话的时候，必须顾及听话的人。

我的学员当中，有很多人有这样的毛病：他们一开始讲话，就以为自己是这个世界的主宰了，从不考虑对方的反应和感受；他们不知道根据对方的感受来调整自己的讲话策略。

许多人在说话时只谈论自己感兴趣的事情，而对方对这些事情却感到无聊之极，他们不知道应该根据对方的兴趣来改变话题。

也有这么一些人，他们在讲话的时候，完全依靠自己的思考方式来表达，就好像是在自言自语一样。

为了解决上面的问题，你必须和听众进行沟通，而不是自己说自己的。你可以依照以下的方法来做到这一点：

谈论对方感兴趣的东西

对方之所以会对你的说话感兴趣，是因为你的谈话内容和他们有关系、与他们的兴趣有关系，或者与他们的问题有关系。正是这种与对方相关联的内在联系，才使讲话者能够抓住听话者的注意力，从而保证听和说之间的沟通顺利进行。而这种沟通，正是你说话成功与否的重要评断因素。

注意，我在这里说的不仅是你整个说话的主题，而且包括你说的每一个字句，你必须保证它们是与对方有关的。艾黎克·琼斯顿是美国前商会会长，现在担任美国电影协会会长。他时刻注意到要针对说话对象的兴趣讲话。他的每一次演讲都不会让听众觉得他是在念油印出来的一份拷贝文件，而像是特意为他们准备的。演讲者根据听众所关心的事情和兴趣来演讲，听众绝对会更加注意。

如果面对听众时你从不顾及听众心中自认我为中心的天然倾向，你就会发现自己面对的是一群烦躁不安的人。他们会表现出对你的演讲很不耐烦，会不时地看时间，并且渴望离开。为避免这样一种情况，你应该随时注意你所说的是不是听众所感兴趣的。如果不是，就请换点他们感兴趣的东西。

鼓励对方积极参与

你可以用一点小小的技巧，以便让对方紧跟着你的思路前进。如果你在说话的时候能够让对方来协助你展示某个观点，或是把你的观点戏剧化地表达出来，他们的注意力必然会集中到你身上。

这是因为，当对方被你带入"表演"中时，他们就会敏锐地观察所发生的事情。很多说话者意识到了自己和对方之间存在着一堵墙，但是他们不知道，如果能邀请对方共同参与，这堵墙就可以被推翻。

提问也是一种最常用的方法。一些说话高手总是喜欢请对方跟着他重复一句话，或向对方提一个问题。帕西·H.华亭曾经提出了一些如何让听众参与讲话的建议。他建议可以让对方对一些事情进行表决，邀请他们共同参与解决问题。

他把听话者描述为"企业的伙伴"，这一点我十分喜欢。如果你让对方参与进来，那么你相当于把合伙人的权力送给了他们。

让对方进入场景

如果你确实很想和对方沟通，你就必须了解他们，并且让他们知道这一点。

一位交流学家给一家废物处理公司的执行董事们作了一次培训。在培训之前,他特意在一辆垃圾车上工作了3天。他一开始就告诉他们，

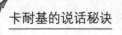

自己已经拖运了 3 天的垃圾。"他们完全被我吸引住了,"这位交流学家回忆道,"我的观点很好地被接受了。"显然,这是因为他和对方很好地联系在了一起,因为他了解到了他们的感受。

强调优点

要确保对方清楚他们可以从你的说话中得到需要的东西。因此,你需要在讲话的开始就强调对方所能获得的好处,并且要不断地强调。

一位说话高手会在他讲话的时候,一开始就提出一个对方可能会问自己的问题,然后告诉对方可以从他的讲话中找到答案。这是个非常好的技巧。

让对方也说话

当你在说话的时候,可能对方也有要说的东西。这个时候,你必须给他这样的机会。这个问题我在前面有谈及。这么做的最大好处是,如果你想说服一个人,最好的办法莫过于借助于他自己的嘴巴。

别光顾自己说话

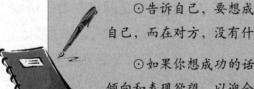

⊙告诉自己,要想成功地说话,最终的决定因素不在自己,而在对方,没有什么比对方的感觉更加重要。

⊙如果你想成功的话,你必须在一定程度上压抑自恋倾向和表现欲望,以迎合对方的心理。

⊙千万不要在对方面前显得你高高在上,你需要和他们融为一体,表示你并没有高人一等。

⊙把握住对方最需要的是什么,而不是我喜欢告诉他们什么。

说话应遵循礼仪

这一节我专门来谈说话的礼仪。事实上，本书所讲的关于说话艺术和技巧方面的东西，有很大一部分都与礼仪有关。比如，牢记他人的名字，这不仅是一种策略，也是一种礼仪；不指责别人的错误，这是一种礼仪；说话得体，也是出于礼仪上的考虑。

由于礼仪包括的内容过于庞杂，我打算就其中几个重要的方面进行扼要的讲述，而并不打算对礼仪进行全面的讨论。

称呼

称呼得体在很大程度上决定着人们交往活动的成功。社会心理学家们认为，得体的称呼能使人们心情愉快，能拉近人和人之间的距离，有助于形成亲密的人际关系。

不同的地区、不同的民族和不同的语言传统使称呼的差异很大，不同的职业、职务、年龄等也使称呼变得十分复杂，而且，即使是同一个人，在不同的场合、不同的时期，称呼也会有很大的不同。在某种程度上，称呼就是人们社会身份的象征。我在前面已经讲过，称呼不仅仅是一种礼貌。不论你怎么去称呼他人，你都必须强调这样的一些意思，即"你很重要"、"你很好"、"我对你很重视"。基于此，我再具体谈一些需要注意的问题。

记住对方的姓名。这一点我已经在前面讲过了。

符合年龄和身份。称呼对方，必须符合对方的年龄、性别、职业和身份等具体情况。对年长的人，我们要恭敬；对同辈，则需要表情自然、热情友好；对晚辈，则要慈爱、谦和；对高职务者，比如你的上司，你最好称呼其职务或者职称，以表示你对他的尊敬。总之，我们需要讲究礼貌而又不卑不亢。注意千万不要使用"喂"等词来称呼他人。

称呼多人的时候要有序。比如当你在一个宴会上同时面对很多人

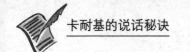

时，你最好向他们一一问好，而不要只说："大家好!"否则，对方可能会以为你在敷衍他们。在这个时候，你应该遵循的顺序是：先老后幼、先女后男、先生疏后熟悉。称呼能直接地反映出你的道德修养、知识水平和文明程度，同时也能展现出你的交往技巧。

自我介绍

当你面对陌生人的时候，出于礼貌，你需要适当地介绍自己的一些情况。初次见面，每个人都希望了解对方以及得到对方的尊重，而简单明了的自我介绍可以满足对方的这种需求。

而自我介绍的内容，需要根据实际的需要、所处的场合来决定，必须有所取舍。比如，在一般的社交场合，你可以只简单地介绍自己的姓名；如果你希望跟对方深交，你需要把你更多的情况，比如职业甚至兴趣等都与对方分享；如果对方是你的同行，你可以介绍自己专业研究领域的一些情况。

需要注意的是，在做自我介绍的时候，不论对方是什么人，你都应该保持自信而不骄傲的态度。

寒暄

你可能需要跟陌生人或者熟人进行没有多大实际意义的谈话，但是这种寒暄是必要的。你在宴会开始前、在路上、在会晤前都需要跟人寒暄，不然就会冷场。当你寒暄的时候，需要注意对象，不要对每个人都是一套相同的话，需要注意环境，这可能跟你寒暄的内容有关，还需注意适度性，要适可而止。

介绍他人

介绍他人是为彼此都不熟悉的人引见的一种介绍。我们通常需要注意以下问题：

介绍时要注意顺序。一般而言，你需要先将年纪轻的介绍给年长的人、把身份低的介绍给身份高的人、把男士介绍给女士（如果身份、年龄相同的话）、把客人介绍给主人。

介绍时应该注意自己的体态。你需要做到自然和协调；你最好是站起来介绍他人，面带微笑；当你指向被介绍人的时候，不要用食指指向他，而要手掌向上地指向他。

介绍不要太长了。如有必要，你只需要引出他们可以谈论的话题即可。

介绍时语气要热情、文雅、有艺术性。

一位主持人向大家介绍演讲家兼作家约翰·布朗时，这样对大家说道：

"先生们，请注意：今天晚上我给大家带来了不幸的消息——我们本来想邀请马那龙先生来给我们讲话，可是他来不了了，因为他病了；后来我们想请参议员哈里斯前来，但是他实在太忙了；最后，我们还打算请来画家李约翰，但是他出了事故。因此，我们只能请到约翰·布朗先生。"

无论是谁，被这样介绍恐怕都受不了，而且这样的介绍十分冗长——向大家介绍了活动的组织过程，听众对此可能并无兴趣。我们需要注意这些问题。

委婉拒绝他人

当你面对一个你不想接受的邀请或不同意的观点时，你必须坚持自己的原则和立场，但是又不能伤害对方的感情。这时候，你需要委婉地表达你的观点。

在拒绝对方之前，需要先为对方想想。你要说服对方，你之所以拒绝，绝不是因为自己想这么做，而是不得不这么做。

比如，当上司交给你一个任务，并且要求你在一个不合理的期限内完成时，你可以表示拒绝。

但是，你不能直接对他说："对不起，我完不成！"这样可能会伤害到他的感情。你应该这样说："您交代的工作我不能马马虎虎地交差了事，但这么仓促的话，恐怕无法达到符合你期望的效果。"

当说"不"的时候，你要让对方知道，你所拒绝的只是一件"事"而已，而不是他这个"人"。你不能说："我不能为你做这件事。"而应该说："我不能做这件事。"

尽可能不要在你拒绝别人、说出"不"以后就没了下文，你最好

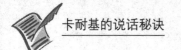
说话的礼仪

⊙从对方的立场出发，为对方考虑问题。

⊙随时随地注意你的言行举止。

⊙在必要的时候，找出一个美丽的借口，促使说话获得良好的效果，将是十分明智的选择。

向他解释你为什么要拒绝他，比如你可以说"我了解你现在的心情"，"我以前也是这么觉得"或"下次有机会的话，我一定……"等等。

总之，当向别人说"不"的时候务必注意以下3点：

1. 当你在说"不"前，务必让对方了解自己拒绝的苦衷和歉忌，态度要诚恳，语言要温和。

2. 避免诸如"我再考虑考虑"之类的模棱两可的回答，这种讲法，你认为自己是在表示拒绝，可是别人却认为你真的替他想办法，这样一来，反而耽误了别人，所以切莫使用语言含糊的字眼。

3. 把不得不拒绝的理由以诚恳的态度加以说明，直到对方了解你是爱莫能助，这是最成功的拒绝。

以上只是大致说了几个需要注意的基本问题，实际上在平时的说话中，你需要注意更多的礼仪问题。

第三章

影响命运的

职场语言

　　一个人如果想要实现某个目标，只有一条路可以走，那就是：让自己的才能在工作中充分发挥出来，并且设身处地地为别人着想。让人颇感振奋的是，虽然工作总是让人很头疼，但是它的确既能够使人们实现自己的理想，又能推动社会的进步，进而实现自我的价值。正是工作使自我和社会完美地结合在了一起。

　　也许正因为工作如此重要，所以大部分人——几乎所有人——都希望自己能够在职场中获得成功，希望自己能够有更高的工资、更高的职位以及更多的来自他人的尊重。是的，人人都希望成功。但是关键在于究竟怎样才能取胜？

　　在我的卡耐基口才训练班中，有90%的学员来自职场。他们中有全国有名的公司的高层领导，也有小公司的底层职员；有从事案头工作的文员，也有从事推销工作的推销员；有工作多年、经验丰富的人，也有很多刚刚迈进职场的新人。为什么

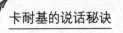

他们一致地想到来我的卡耐基口才训练班呢?

"我希望能够处理好和同事、领导之间的关系,"洛杉矶的一家化妆品公司的策划经理娜瑟说,"因为正是这种关系决定了我未来的前途。我希望自己能够取得成功。"

"那么,你认为口才能够帮助你做到这一点?"我问她。

"是的。"她非常肯定地说。

虽然娜瑟说得有些绝对——导致一个人成功的原因是非常复杂的——但是她的确说出了口才对于那些在职场中的人们的重要性。如果说一个人在职场中成功的20%的因素是他的其他个人才能的话,那么还有80%来自于他口才的贡献。

一般人往往忽视了这一点,尤其是那些职场新人。他们认为,只要能够在工作中发挥出色,就能够使自己在职场中取胜。只有经过一段时间以后,他们才会发现,仅凭自己的知识和技能,而忽视与别人的沟通和合作,是无法完成所有工作的。更加重要的是,在多数情况下,你展现自己的知识和技能的时候,如果对方不能理解你,那么你也不会成功,更不用说在职场中取胜了。

要想在职场中取胜,需要注意下面一些问题。

与下属沟通要讲艺术

如果你是一个领导,那么你就不得不与你的下属——那些职位低于你的人——进行有效的沟通。可以说,沟通艺术是领导艺术中非常重要的一种。一个领导只有掌握了沟通艺术,才能成为一个好的领导。遗憾的是,很多领导与下属之间出现了沟通上的问题,这不仅对个人产生了很不利的影响,而且也阻碍了工作的顺利进行。

该如何有效地和下属进行沟通?我认为应该做到下面这几点:

清晰、明确地下达指令

很多领导喜欢长篇大论，这往往导致在说完某件事情后，下属们完全不明白他想要表达的意思究竟是什么。这是因为领导者在下属的心目中已经建立起了某种权威，他们说的每一个字、每一句话都会作为重要信息传达到下属的大脑里。正因为接受的信息过多，下属忽略了领导想要表达的重要信息。我并不想说这完全是领导者的责任，但是至少他应该承担大部分的责任。

清晰、明确地下达指令，这是对领导者的基本要求。用简洁、有力的话表达你的意思，让它们有效地传达到下属的脑海中去。尽量让你的指令没有歧义，也符合下属能够理解的水平。你考虑的不应该光是你想要表达什么，还应该包括听的人接受了什么。不要让自己的话漫无边际，只有等下属完全明白了你的意思，你才可以这么做——而且你的确不应该长篇大论，因为下属有他们自己的工作要做，他们不是来听你的高谈阔论的。

不要朝令夕改，要让你的指令都是你成熟的想法。许多领导者有许多新奇的想法，他们是高效率的"点子"生产机。他们经常会否定一个小时前的指令，而用新的指令去代替它。这让下属十分头疼，不知道该怎么去做，因为他们往往同时得到几个相互矛盾的指令。

对下属进行有效批评

当下属做错了一件事情，或者没有完成某件事情的时候，领导当然应该对其进行批评和训导。关键在于，你的出发点是想解决问题。

保持平静的态度。不要给下属一种正在被审判的感觉，你需要营造一种平和、认真的沟通气氛。只有在这样的气氛当中，你们才能有效地解决问题。

对事不对人。在你进行批评和训导的时候，应该让他觉得你并不是针对他本人，而是针对具体的事情进行批评的。你应该平静地指出问题之所在，并且以各种方式暗示对方，你的目的只是为了使工作做得更好，而不是图一时之快。

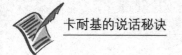

与下属沟通

⊙态度一定要诚恳。不要以那种高高在上的态度和下属说话，否则你必将收不到很好的沟通效果。当然，你的诚恳的态度不是一种妥协和退让，你仍然需要在必要的时候保持领导的权威。记住：过犹不及。

⊙尊重你的下属，这是对方尊重你的前提。当然，对方可能会因为你的权威而被迫尊重你，但是这不是好的办法。

⊙设法驾驭你的下属，使他们积极地工作，这是你的最终目的。其他的问题对你来说都可以算是细枝末节。

公正地指出下属所犯的错误和应该负的责任。任何一个错误都不会只由某一个人造成，并且，你的下属当然也不希望犯这样的错误。

不要给他一种罪不可恕的感觉，你应该指出他只是造成这个错误的一分子，并且应依照相关的规章制度客观地指出他应该承担的责任。

对其进行鼓励。不要忘记鼓励犯了错误的人，他们可能已经在某种程度上对自己失去了信心，急需别人给予肯定。当然，也不要忘记指导他们对错误进行改正。

随时和下属进行谈心

及时了解下属的想法和意见是防患于未然的一个重要方法。谈心是一种最直接和最有效的沟通方式。要做到成功地与下属谈心，应该注意以下几点：

确定目标。确立你谈话的具体目标，明确谈话的主题，列出你可能和对方交换、传达的信息，然后安排好谈话的时间和地点——我认为不应该固定时间和地点。

了解下属。彻底了解你谈话的对象。要从下属的角度出发考虑谈话中可能会出现的问题，以及谈话会对他产生的影响。

引导谈话。将谈话引导到你的预定方向上去。当然，你可能也会得到很多意想不到的收获。

让下属服从命令

让下属服从自己的每一个指令，这是领导极希望看到的事情。"拿着大棒轻轻地走路"，这个外交政策在让下属服从你的时候正好适用。在你"轻轻走路"的时候，如果你能够找出别人需要什么，然后告诉对方你能够满足对方，那么你就成功地控制了你的下属。

在这一阶段你可以采取以下 3 种方式满足对方的需求：

称赞对方。称赞这一古老的方法依旧有效。告诉对方他干得十分出色，你实在很需要他，这样他就会听从你的命令。

让对方明白这一工作对他很有用。了解他的需求，告诉他这项命令正是能够满足他的需求的，这样他就会很自然地为你效命。

给他实际好处。告诉他如果他能够干得出色，就将得到很多实际的好处。这一方法很有用，但是你需要付出点儿东西，而上面两种方式不需要你付出什么。

如果你在第一阶段遭到了失败，不要灰心。不要忘记你是领导，把你的大棒在他面前挥一挥，这样他很可能就会听命于你。不过，你最好尽量少地使用这种方法。

巧妙地拒绝下属

当下属向你提出某个你不能满足的要求，或者提出某个你不同意的计划的时候，不要直接地拒绝，你应该学会拒绝的技巧。

对事不对人。让他明白这是公司的制度或者他的计划的确不行，对任何人你都会拒绝的。不过，你最好尽量少地以公司的制度来作为借口——如果他的确是那种可以通融的人才，不妨放他一马；如果正好相反，则告诉他你拒绝的理由。

换一种方案。为了使他容易接受，建议他换一种方案。比如，如果他想调整工作时间，但是现在公司却处在紧张的状态下，告诉他如果有同事愿意跟他调换的话，你可以同意他的要求。

拖延时间。这是一种不得已的办法，它可以帮助你暂渡难关。但

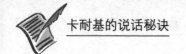

是一段时间以后，对方还是会旧事重提的。不过，那时候也许你会有更加巧妙的借口。

指正别人错误的方法

我在前面已经说过，不要指责别人的错误。因为这样做的话，别人不但不会承认错误，反而会对你产生反感。当别人做错了事情或者说错了话的时候，你应该怎么做？你应该采用委婉的方式指出来。

在职场中，你仍然需要——而且更加应该——这么做。如果说亲人、朋友犯了错误，你直截了当地指了出来，他可能因为了解你或跟你比较亲密而接受你的意见。

但是在职场中，情况就变得十分复杂。你和对方仅仅是工作上的关系，如果你直截了当地指出了对方的错误，可能会引起你们之间的误会。

我将把在职场中指正别人错误的方法的重点放在领导和下属之间的处理方法上，因为领导和下属之间的关系更加特殊。至于同事之间如何指正错误，则可以参考我前面讲过的内容。

不论你是否承认，领导在职场中都享有权威的地位，更加应该得到别人的尊重。基于这样一个前提，在你指出你的领导或者下属的错误的时候，可以采用下列一些方法：

暗示法

暗示法即用一种行为或语言向对方暗示其错误。我在前面也已经说过了暗示在一般人际关系中的运用。这是一种十分常见的方法。

美国一家百货公司的总经理约翰·艾德伦经常喜欢到自己的商场去巡视。一次，他看到一位顾客站在柜台前面看电视机，但是却没有一个服务员过来招呼她。那些服务员很忙吗？不是的，她们正在不远处有说有笑地闲聊，根本没有注意到这位顾客。艾德伦对这种情况十

巧妙地指正别人的错误

⊙在指正别人错误的时候，以不损害对方的自尊心为前提，否则对方会不自觉地对你产生抗拒。这样，你可能收不到任何效果。

⊙指正错误的目的是让他接受并改正错误，从而对工作产生积极的态度。因此，所有的做法都应该以此为目标。

⊙上述列举的方法并不全面，你可以找到适合自己的方法。

分不满，想要纠正这种不负责任的工作态度，但是他为了保全服务员的面子，所以运用了暗示的技巧。他自己走到那位顾客面前，为她介绍各种电视机的特点。最后，那位顾客买下了一台电视机。艾德伦让服务员把它包好交给顾客，然后一言不发地走了。

艾德伦自始至终都没有批评服务员。但是，这些服务员看到了这些情况，认识到了自己不负责的态度是错误的，所以以后也认真负责起来了。

先说出自己的错误

"我的错误是……"以这样的话开始，对方可能会对你所说的话表示出很大的兴趣。人们似乎更愿意看别人犯了什么错误，而对自己所犯的错误并不关心。

在指正别人的错误之前，先说出自己的错误，这样更加容易掌握谈话的主动权。在心理学上，这实际上是一种平衡心理在起作用。一般的人可能对自己一个人犯错误感到不可接受，如果你提醒他自己也有错误的话，会使他更加容易接受。

提醒法

用一种轻描淡写的方式提醒对方犯了错误。在一般的交流之中——

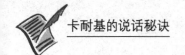

由于不是很多——领导说的每一句话，下属都会仔细地聆听；而那些注重下属的领导也会如此。

在说话的过程中，尽量用一种轻描淡写的方式提醒对方犯了错误，这样就给了对方一个反思的空间。

"我听人说你最近心情不是很好，因此在工作上出了一些问题。"一位领导在下班后走出公司的时候，对他的下属说。这位下属说："是的，不过我本不应该把我的情绪带到工作上来的。"如果这位领导非常正式地把下属叫到办公室，对他说同样的话，效果一定会大为不同。

那些聪明的人是不需要对方强调自己的错误的，他们都会从提醒中得到一些重要的信息，而那些并不怎么聪明的人，即使对他们进行了严厉的批评，效果也不会很好。当然，如果对方犯的错误的确很严重，已经或者将要给工作带来很大的麻烦，则应该用严肃和认真的语气提出来。

先赞扬后指正错误

先肯定后否定。虽然这种方法非常老套，但是却十分管用。这实际上也是一种平衡心理的方式。用赞扬拉近你和对方的心理距离，从而创造一个十分和谐和融洽的谈话氛围，这样对方就不容易因为你指正他的错误而对你产生抗拒了。

"你一直干得很出色……"以这样的方式开头，让对方知道自己的错误是一时不慎造成的，而并不是他一直以来都如此。另外，这种方式实际上是告诉了对方你对这件事情的态度：并没有因为这件事情而否定他。

如果是你的领导犯了错误，这种方法仍然管用。我们举过的那个经理否定总经理设计的商标的例子中，那位聪明的经理对总经理说："这个设计太完美了。"谁不喜欢听这样的话呢？

那么接下来，领导自然会顺理成章地接受——只要你解释得合理。

指出正确的做法

这种方法十分高明。在整个谈话的过程中——你甚至可以在许多人参加的会议上这么去做——你并不需要提到对方犯了错误，而只需要直接告诉对方正确的做法是什么，从而让对方拿自己的去和正确的做法比较。这样做，对指正他的错误的效果也许会更大。

"我十分欣赏杰克。他上班从不迟到，对工作也相当认真。"你这么说，对方肯定会知道自己在某些方面没有杰克出色，并且知道了应该怎么做。最好的方法莫过于让对方自己意识到自己犯的错误，并且想方设法地进行改正。

加强团队工作的 *10* 条建议

现在，越来越多的人聚在一起，成为工作的团队。在这样的团队里，每一个人各有分工、各司其职，最大限度地保证了每个人的充分发展和整体目标的有效实现。

无疑，团队的力量是巨大的。两个人组合在一起所形成的团队的作用将远远超过两个人的作用的总和；多数亦然。

但是，形成一个好的团队必须有一个前提，那就是保证成员间的协调和沟通。可以说，没有很好的沟通的团队，不是一个好团队。我将就加强团队建设给你提供 10 条有关团队内经验交流的建议——不管你是这个团队的领导者还是只是一个成员，我相信这些建议对你都有用处。

明确团队目标

有一句激励人的话说：心有多高，成就就会有多高。这句话说明了目标对于一个人的成功的重要性。不仅对一个人是如此，对一个团队来说，目标也是至关重要的。

首先必须明确团队的目标，这是一个团队之所以存在的基本因素之一。目标可以为团队提供很强大的凝聚力，使团队所有成员都朝着这个目标努力，而这种向心力对团队发挥着重要作用。因此，应该首先为自己的团队设立一个目标，不论是长期的还是短期的。

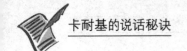

在行动的过程中，不断提醒自己团队的目标，使目标能够深入到成员的心中。如果行动能够和目标达成一种合作，这种合作的力量将是巨大的。

团队中的新来者

对于一个刚刚加入新的团队的人来说，你要准备好进入一种身不由己的境地。你的个性可能将要暂时消失在团队之中，你的个人表现可能会因为团队的任务而改变；那里可能有你并不喜欢的人，也有你不愿意承担的角色；你的意见可能得不到认同，甚至你的利益也可能会被忽视。这些都是新来的你要学好的第一课。

另一方面，那些团队中的成员应该意识到，新来者需要一段时间的适应。他们的经验很明显地不足，他们对一切事情都感到很新奇，并且经常有问题冒出来，那么你应该对他们的到来表示欢迎，并且尽自己的可能为他们解答。

集合大家的意见

作为领导者，当然可以更加权威性地发表意见，但是最好逐一分析别人和自己的建议，淘汰那些明显不能实行的或者糟糕的建议，并尽量把所有的建议的优点都集合起来，使最后形成的决议臻于完善。

你们所应该采纳的建议当然应该是最有利于实现目标的，但是实际上这个笼统的判断标准经常发挥不了作用。因此，如果出现一种无法达成一致意见的局面的话，就应采取少数服从多数的方法进行决策。

维持秩序

当遇到意外情况的时候，团队可能会显得一片混乱。这种混乱会严重地阻碍团队工作的顺利进行，直接影响到目标的实现。因此，必须用纪律或者权威去维持团队的秩序，使成员的情绪稳定下来，进而使团队朝着正确的方向前进。

在开会的时候也是这样，乱哄哄的局面不利于形成一个好的决议。在这种时候，也要善于用一种恰当的方法维持秩序。否则，这样的会议开上一个月也讨论不出任何结果，尤其是提倡民主表决的团队会议。

保持高涨的士气

那些擅长于领导术的企业家都十分懂得使员工保持高涨的士气的重要性，它绝不亚于对员工的学历、知识和智力的要求。一个企业实际上是一个大的团队，而在这个大的团队里有更小的团队。保持高涨的士气在任何情况下都是十分重要的，即使对个人也是如此。因此，每个团队成员都应该保持高涨的士气。

对领导者来说，少批评、多鼓励，能够更加有效地提高团队士气。我们从没有看到过一个被严厉批评的团队非常亢奋，而被鼓励的团队则经常出现这种情形。这种情形即使是毫不相干的外人都会受到感染。

当然，还有更多的提高团队士气的方法，这些方法我在前面也略有提及。

使信息流通

在一个团队中，保持信息在成员之间流通是至关重要的。所有的问题都来自于信息，所有解决问题的办法同样来自于信息。只有成员有接触到所有信息的可能性，才能做出正确的决策。

确保每一位成员都在信息流通路径之中。谁都有可能较一般人更早地发现问题，或者更好地解决问题，前提是他掌握信息。

请求别人的帮助

团队工作的一个好处是，并不是每一件事情每一个成员都要参与。这是由团队的分工合作带来的好处。这意味着如果你的工做出了问题，那么会带来一系列的反应；这同时也说明，当你的工做出了问题的时候，不会带来致命性的后果，因为你只是团队工作中的一个环节。虽然你干的工作可能是独一无二的，但是如果你需要，还是有很多资源可以帮到你。

不要把要求别人的帮助想象成愚蠢的行为。事实上，团队中的任何一个成员都在帮助别人，同时也在得到别人的帮助。在一个团队中，任何成员得不到别人的帮助都是无法想象的。

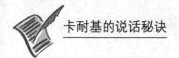

加强团队工作

⊙首先应该找到一个自我和团队的结合点，这种结合点可以帮助我们解除思想上的包袱。

⊙自觉地成为团队的主人，对自己在团队中的表现负责，积极主动地配合和帮助其他成员的工作，对集体的事务保持热情。

⊙对团队目标保持高度的热情，保持昂扬的工作精神。

⊙理智、全面、客观地看待问题，尽量做到集思广益。

给出恰当的反馈

当别的成员提供了某种信息的时候，你应该给出恰当的反馈。这不仅是一种礼貌性的行为，事实上你也应该这么做。因为他提供的信息，即使不跟你的工作直接有关，至少也关系到整个目标的实现。

仔细倾听对方说话，抓准他说话的真正意思。只有当你了解他的信息的真正含义的时候，你才能判断这个信息的价值究竟有多大。然后，根据你的思考，给予对方你的意见或建议，跟他一起就这个问题进行探讨。

用事实说话

有心理学家批评团队是没有理性的。理性意味着从事实出发来考虑问题。的确，对一个团队而言，领导者几句鼓动性的话，比进行理性的思考更加能够使它采取行动，即使领导的鼓动根本不符合事实。

也就是说，当团队成员在思考如何实现团队目标的时候，应该用事实说话、用自己的理性进行思考，而不是轻信他人。

举办集体活动

为了加强团队的向心力，使每一个团队成员都能够有一种集体感，团队需要举办一些集体活动。这当然并不与团队工作直接相关，但是作用也很大。

集体活动包括集体会议、协调活动以及纯粹的集体娱乐和休闲。每一个团队成员都应该积极地参与这样的活动。这不仅能说明你的确热爱你的团队，而且能让你这种情感通过参加活动而得到加强。

面试时的交谈技巧

毫无疑问，面试对职场新人来说是一件十分重要的事情，它是进入职场的第一次考验。在面试的时候，你的语言交流技巧非常重要，因为它能表现出你的成熟程度和综合素质的高低。或许有些面试者认为只要自己有真正的才能就行，其他都只是次要的问题。

但是你要明白的是，你的才能只有展现出来，那些雇主才会对你感兴趣。在你的才能展现出来之前，你在他的眼里跟别人是没有区别的。

事实上，面试的过程，就是推销自己的过程。你的任务就是说服对方购买你这件独一无二的商品。那么，具体该怎么做呢？

保持正确的仪表

认识到对方有决定是否录用你的权力的时候，你就要知道该采取什么样的仪表。你应该穿上你最正式的服装。当然，前提是不要过于隆重，因为你是要工作，而不是参加舞会。最好的办法是，穿上适合你将来的工作的衣服，它将使你给人一种非常胜任的感觉。

对女性，针对你将来的工作来决定化不化妆。当然，即使要化妆，也不要过于浓艳。

尽量提前几分钟到达面试现场。当你到达之后，要注意你的仪表。你需要端正地坐在座位上，安静地等待面试人员的召唤。与面试人员礼貌地握手后端正地坐下，与面试人员保持恰当的距离——不要太近，也不要太远。

说话的时候要礼貌、热情和自信。说话的时候要注意看着对方，

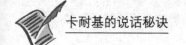

虽然对方有决定权,也不要因为害怕而不敢看他。你应该一直面带微笑,这会帮助你给人一种自信的感觉。

当对方说话的时候,要面带微笑地看着他,仔细倾听他所说的话。你应该用你的言行来对他表示回应,表示你正在关注他。不要打断他的话,这是很不礼貌的行为。

你要保持不卑不亢的态度。不要表现得低声下气,好像你在求对方一样。这是一种相互的选择,对方并不能决定你的命运。而且如果你表现得很卑下,这会让对方对你的能力产生怀疑。

不要过于激动。即使对方对你很感兴趣,也不要忘乎所以,因为失控容易使你错漏百出。即使他已经明显地对你表现出了肯定的意向,你也不要太高兴,因为事情还有转变的可能。

注意语言表达

注意你的说话。你说话的声音和语调代表着你的性格、态度、修养和内涵。对一个陌生人来说,声音的特点会更加明显地传达这些重要的信息。

务必使你的口齿清晰、语言流利,不要含糊不清、吞吞吐吐。如果你能把每一个字都十分清楚地表达出来,你就会给人一种自信和头脑清晰的感觉。在现在的职场中,你的综合素质将受到更多的重视,而不仅仅是你的知识和智力。

保持适当的音量、语调和语速。如果你平时的声音非常小,那么尽量提高你说话的音量。因为声音小会给人一种懦弱、不自信的感觉。但是也不要使你的声音音量过高,你只需要让对方听清楚,不是让隔壁的人都能听见,否则会给对方粗鲁的感觉。正确的语调能够给人一种亲切、沉稳的感觉,会在无形之中拉近你和面试人员之间的距离。

有些职场新人由于紧张或急于表达自己,往往在对方问他一句话后,会连续不断地把自己的想法表达出来。他们说话好像是在跟火车赛跑一样。

在清楚地表达自己的同时,使用含蓄和幽默的语言,可以营造轻松愉快的谈话气氛，拉近你和面试人员的个人距离，这将使你获得更大的成功。当然，这些语言技巧都不要使用得过多。

从容地表现自我

一开始，面试人员通常会要求面试者作一个自我介绍，这是自我表现的第一步。不要认为这是一件很容易的事情，因为虽然你最了解自己，但是要通过几句话——的确只有几句话——就让别人了解你却并不容易。

你首先需要知道你的目的是让对方了解你究竟是谁，而不是跟对方闲聊。因此，你可以简单地介绍你的姓名、性格、学历、工作经历等一些基本的信息。这些信息可能很重要，也可能并不重要，关键要看雇主更加看重哪一方面。不过，要记住的是，这只是自我介绍而已，你不需要把你想说的话全部说完，接下来你可以慢慢补充。

面试人员最关心的可能是你的能力，从而判断你是否胜任你希望获得的工作。许多面试者总是想表现得很优秀，在他们的言谈之中，好像在表达这样一个意思："我什么都能做。"也许这是真的——但是能做不代表一定能够做好。雇主希望找到的是能够真正做事的人，而不是一个夸夸其谈的人。

把自己的特点表达出来，这是最重要的一点。你需要实事求是，不要夸大也不要缩小你的优点和缺点。不要把面试人员当作傻子，否则他们也会像你这么做的。重要的是要让对方认为你的确适合你希望获得的工作。

妥善处理问题

有一些在面试中经常碰到的问题，也正是求职者经常犯错误的地方。

"你为什么选择这个工作？"面试人员通常会这么问你。有些人回答得莫名其妙，这让面试人员认为他们没有什么头脑。如果说"我想来试一试，毕竟多一个机会"或者"本来我不想来的……"一类的话，那么这些人几乎已经没有成功的可能了。

面试人员这么问通常的意图是，想了解你的职业目标和你对公司

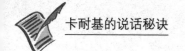

面试时的技巧

⊙端正你的态度。既不要过于轻率，也不要压力过大。想办法让自己明白，面试成功和失败都不是什么大不了的事情。

⊙恰到好处地推销自己。要保持诚信、不卑不亢的态度。要知道，推销自己只是手段，而不是目的。

⊙主动选择。不要忘记，面试也是你在选择对方。

的熟悉程度。当认识到这一点后，你就可以进行有针对性的回答。你必须把自己的志趣和你将来的工作、公司联系起来。比如，"贵单位的管理理念正符合我的工作信念"，这样的回答是十分合理的。

第二个问题是："你认为自己有什么不足？"应试人员问这个问题，是想了解你的诚信度和你是否与你应聘的职位相匹配。一般人只会顾及两个方面中的一个方面，他要么直截了当地把自己的缺点都说出来，以求给面试人员一个诚实的印象，要么掩饰自己的缺点，向应试人员撒谎。

这两种做法都是不可取的。我们应该在两者之间寻找一个平衡点。比如，如果你应聘的是一个财务工作，你可以这么说："我是个慢性子，这使得我常常对每件事情都考虑得很细致。"又比如，你笼统地说："我的确有很多缺点，但是我想这些缺点并不会影响我的优点的发挥。"

面试人员通常还会这么问："如果你的意见和上司的意见发生了冲突，你会怎么做？"这种假设是想试探你的沟通能力和自我认同感。你的回答应该是："首先，对上司的意见进行思考，因为毕竟他比我更有经验，看问题也会更加全面和深刻一些；其次，如果我的确认为我的意见更加准确，那么我会把我的意见和上司进行沟通，相信他也会赞同我的意见，因为毕竟我们的目标是相同的。当然，在沟通的过程中应该注意运用一定的技巧。"

第四个问题是你关心的，那就是薪酬。求职者即使不认为这个问题是最重要的，至少也会认为它很重要。如何跟面试人员谈论薪酬问题十分关键，它对你面试成功与否有很大的影响。

大胆地说出你的期望薪酬，不要说"按照公司的规定办"之类的话，这表明你对现在的工作并没有很清楚的认识。当然，你的期望薪酬应该跟公司和你个人的要求都相符合，过高或过低对你都没有好处。给出一个可以浮动的范围，这样让对方有考虑的空间。一般而言，如果你的确很适合的话，雇主不会让你失望的。

和领导交流是一门学问

如果你认为勤奋苦干就能让你在职场一帆风顺，那么你就想错了。职场是一个十分复杂的地方，并不是全部由才干和能力来决定你的前途和方向的。在这里，你的个人需求和公司的需求必须有一个恰当的结合点，你的个人爱好和工作性质可能会发生冲突……听起来让人比较沮丧的一个事实是，在某种程度上，你在职场的前途是由你的领导决定的，因此你必须得让他觉得满意，或许有些事情可能要询问同事的意见，但不管如何，你的升迁或加薪等事情毕竟最终是由他说了算的。

因此，如果你身处职场，就要学会恰到好处地跟领导交流。我给你的建议如下：

主动地与领导交流

你不一定要等到领导召唤的时候才走进他的办公室。如果你有一个工作上的意见或建议，你可以去敲他的门。我还没有见过哪位领导的办公室是不让下属进的，一般而言，他们是欢迎你的。

主动地与领导交流能够使你给领导一个非常好的印象，因为这代表你在用心工作——用心工作我并不反对，但是关键是要让领导知道

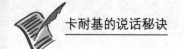

这一点。另外，了解所有下属是领导需要掌握的一种信息和基本的工作任务，因此即使你不找他，他也会主动找你谈的。

不卑不亢的态度

领导对身处职场中的人来说的确非常重要。我在前面已经说过，他们对你的升迁和加薪等问题具有决定性的作用（即使不是你的直接领导，也或多或少具有一定的影响力）。

另外，他们的确在某些方面比你更加出色，在工作和事务上，他们也扮演着更加重要的角色。在这个意义上说，我们必须对他们保持相当的尊敬。

但是这绝不意味着你很卑微，因为在人格上，你们是平等的。传统的那种对领导一味地奉承和附和已经没有多大的意义，你并不会因此给领导留下深刻的印象。

现在的领导都相信，自己需要的是那种有见识并且诚实可靠的下属。随声附和除了能够满足他们的虚荣心之外，对他们没有任何意义。因此，你需要勇敢地表达自己的观点。

要游走于尊敬和独立之间，做到这一点的确很难。但是如果你想在职场中取胜，也只有做到这一点。另外，你可以把做到这一点当作是一次挑战。

合适的表达技巧

注意你和领导说话的方式。你应该做到语气适当、措辞委婉；你应该继续保持那种尊敬和独立之间的平衡，在表达的时候要特别注意这一点。另外，为了不浪费领导宝贵的时间和展现自己的语言表达技巧，你都应该言词简短——当然是要以把你的意思表达清楚为前提。

注意一些说话的禁忌。选用那些合适的词语，不要使用和你的地位不相称的词语。这些词语包括："您辛苦了"、"我很感动"、"随便都行"等等，它们会让你看起来更加像领导。

正确对待批评和指正

所谓的"正确对待批评和指正"是指，对领导所说的话，接受正确的部分，拒绝错误的部分。

领导有责任、有资格对我们进行必要的批评和指正，这样才能使我们不断地进步。他们比我们拥有更多的学识和经验，看问题也更加全面和深入，角度也更新。因此，我们不应该因为受到批评而羞愧，甚至怨恨；我们应该很高兴才对，因为我们又可以纠正自己的一个错误了。

当意识到领导的观点有错误的时候，一般的人都会对自己的观点产生怀疑——这种怀疑是十分必要的，关键是不能因为怀疑而轻易地否定自己的观点。还有一部分人经过怀疑后确认自己的观点是正确的，但是却不作任何反应，就好像领导的话是金科玉律一样。

领导怎么可能没有错误呢？他们只是比我们少一些错误罢了。一种观点是，我们好不容易发现了领导的错误，因此不应该错过表现自己的机会。但我更加喜欢换一种方式理解，即认为这是对工作的一种认真态度。做任何事情都要把它尽自己的所能做到最好，而不是采取马马虎虎的应付态度。

当然，向领导提出我们发现的问题也不是一件十分简单的事情。虽然我们一再强调领导应该宽容、大度和理性，但是现实生活却是另一番情景。他们往往在做事的时候并不那么理性，甚至比我们还偏激。

因此，我们应该采用一种既符合我们的身份又可以被他接受的方式去提出我们发现的错误，并且说出自己不能接受的理由。当然，在任何时候，我们都应该以理服人。

千万不要当面顶撞领导，这会给领导和你自己都带来伤害。那些莽撞的，自认为有才识、有能力的下属常常以顶撞领导为乐，因为这好像能说明他的确很有才能和与众不同。也许的确如此，但是他们这样表现出来并不是很高明。

提建议

如果你的领导对你说："有自己的想法是好的。"在一般情况下，这不是客套话。一般的领导都喜欢有想法的下属，他们似乎更喜欢那些

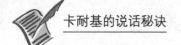

新奇的玩意儿。千万不要忘记，正是这些东西能够给他们带来好处。

因此，向领导提工作意见，是博取领导好感的一个很有效的方法——当然，其实际内容也应很不错。不过，在此之前你必须先做一些事情。首先，你应该对自己的意见或建议有十分成熟的思考，而不是仓促之间形成的一个灵感的闪现。如果是一个建议，你最好不仅告诉他你的建议是什么，还要告诉他为什么要这样以及应该怎么做——有时候，一个点子的可执行性恰好是决定它的好坏的关键。其次，摸清你的领导的工作习惯，把握好交流的时机。当然，你不能在领导会见客人或者通电话的时候去见他。尽量不要在他专心思考某个问题的时候去打扰他。

不要表露"我比你聪明"之类的想法。这种想法本身就不是事实，也没有任何好处。它对你来说是致命的错误，因为这说明，你向领导提建议的本意只是为了表明自己更加优秀而已，而不是为了工作本身。

提要求

为了谋求更高的职位和薪水，或者更好的工作环境，你可能需要向领导提一些要求。一般来说，领导对提出要求的下属的态度是：理解，但也十分为难。领导感到很为难的原因很复杂，其中有一些原因与下属无关，另外一些原因则与下属有关。为了使自己的要求更加容易被领导接受，你需要注意一些提要求的技巧：

正确地与领导沟通

⊙正确地对你自己进行定位。你必须保持对领导的相当程度的尊敬，同时也应保持自己人格的独立。

⊙在跟上司说话的时候，要尽量保持谦逊、尊敬的态度，而不要妄图扮演更高的角色。

⊙注意和你的领导保持沟通，不论是工作上的事情，还是你个人对公司的一些想法。但是千万不要在领导面前说别的同事的坏话。

不要提过高的或不切实际的要求。领导不但无法满足你那些要求，而且会因此对你产生反感。它很容易使你和领导的关系变得很糟糕。

注意你的措辞。不管你认为你的要求有多么合理，都要尽量用商量的语气跟领导说话。不要让领导觉得自己受到了威胁，或者被命令满足你的要求。他会不自觉地拒绝你的要求，即使没有太多的理由。

与同事交流的技巧

在职场中的人们有时候会感到很累——自己不喜欢的应酬太多，或者不得不跟那些自己不大喜欢的人一起工作。的确，你可能没有更好的选择。但是，职场也未必像你所想的那样只是让人悲观，关键是要看你如何看待。

关于如何与同事交流，我给你的建议如下：

端正你的态度

除了亲人之外，最经常见到的人恐怕就是同事了。一般而言，同事和你仅限于工作上的合作关系（当然，你们可能成为朋友，但大部分同事的确如此）。但是，如果你愿意，你可以从同事那里学到很多有用的东西，就好像你从朋友身上学到的一样。

不论你对你的同事多么喜欢或者讨厌，在跟他们交谈的时候，你都要首先尊重和体谅对方。每个人都有自己的优点和缺点，他们会给我们提供很多工作上的经验和知识。但是如果在你们之间设立一道鸿沟，你就失去了更多提高的机会。

少说话，多倾听

不要在办公室里叽叽喳喳地说个不停，这里不是表现你的演讲才华的地方。许多人急着想要别人了解自己，话说得太多了。你应该把你的主要精力放在观察和学习而不是表现自己上。只有向你的同事请

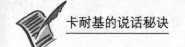

教工作上的问题，才会使你自己得到提高；否则，你就将落后于他人。

仔细地倾听同事所说的话，不要因为对方说的话不重要或者没有水平就心不在焉，尽量发现对方说话中的积极因素。任何人都有可能成为你以后的合作伙伴、好朋友，甚至是顶头上司。

多赞美同事

不论是同事穿了一件漂亮的衬衫，还是工作干得出色，你都可以赞美。不要吝于赞美你的同事，因为赞美是最直接、最有效的使他对你产生好感的方式之一。当然，你不能毫无原则地赞美他，否则会给人一种不真诚的印象。

适当地运用幽默

为了活跃工作气氛，办公室里可能需要一些欢声笑语。你的一两句幽默话可能会起到这样的功效，也可以展示你的才华和个性，但是你必须注意掌握开玩笑的分寸。

注意开玩笑的场合。在专心工作的时间内，最好不要突然来一句幽默。这样不但违反纪律，而且会影响工作。

开玩笑要适度。不要把玩笑开得过火，否则势必会给你和同事带来不利的影响。

分清对象。对不同的同事，应该有不同的对待。

不要把开黄腔当作幽默。成年男人经常喜欢说一些黄色笑话，在同性中尚可以原谅，但是如果有异性在场，那么黄腔儿一般是不应该开的。

巧妙地拒绝

同事之间难免有工作上或者生活上的事情需要相互帮忙，但是有些时候你不得不拒绝对方的请求，这是让人为难的地方。

拒绝同事必须以维持你们之间的关系为前提。当你的同事打算请你办一件事情的时候，你可以告诉他你还有一些重要的事情要做，等把这些事情做完了，你才能帮他做这件事情。摆出你拒绝的原因，

巧妙地与同事相处

⊙与同事和谐地相处，能够使你的工作更加顺利地开展，并且能使你愉快地工作。

⊙对每个同事都要尊重。只有对别人尊重，别人才会对你尊重。

⊙不要急于表现自己，不要话说得太多或过于自大，这样会使你和同事之间产生距离。

⊙注意一些交流的误区，不要使你陷入这些误区之中。

对方一定会理解你的。关于具体的拒绝的办法，可以参看我前面相关章节的内容。

交流的忌讳

不要刺探别人的隐私。人人都以了解别人的隐私为乐，却不希望别人了解自己的隐私。 因此，为了不至于引起别人的反感和警惕，千万不要打听别人的隐私。

不要在同事面前说上司的坏话，不要随便交心。你的有些似乎是开玩笑说出来的话被你的同事听到后，一部分人可能会把你当作他的垫脚石。你不能不防这一点。

不要命令别人。我在前面已经说过，不论是在经验、学识还是在地位方面，你都没有资格去命令你的同事。如果你想得到别人的帮助，只有使用别的方法。

不要过于张扬。不要在同事面前显得自己多么与众不同。实际上，每个人都会认为自己与众不同。因此，保持低调、谦虚的态度，只有这样才会使你得到同事的认同。

办公室中的禁忌话题

说话要注意场合，在不同的场合应该说不同的话。它的另一个意思是，每一个场合都有不应该说的话。在办公室里，同样有不能谈论的话题。我将把它们都列在下面：

谈论薪水问题

千万不要问别人的薪水是多少，也不要讨论公司的薪酬水平如何，因为在办公室讨论这种问题对你没有任何好处。

人们往往会把薪水问题当作个人隐私，他们都喜欢知道别人的隐私，却不喜欢让别人知道自己的隐私。因此，如果你不打算自讨没趣，最好不要问别人薪水多少。另一方面，很多公司都运用不平衡的工资制度，使员工有不同的薪水，这是公司采用的激励机制。同工不同酬对公司而言，是一件十分机密的事情。公司不希望引起员工和自己的矛盾，因此反对那些在公司里讨论薪水问题的行为，老板和领导也十分讨厌这些在办公室谈论薪水的员工。

当别人问及你的薪水的时候，你必须拒绝他，不要因为不好意思拒绝而去回答。当他有这个想法的时候，提醒他这并不是一个很好的话题。如果他已经问出了这个问题，告诉他自己不想回答这个问题——你当然有权利这么做。

谈论家庭财产问题

很多人喜欢在办公室里和同事提起自己最近去了一趟欧洲，或买了一套房子，并且表现出很自豪的样子。他们的心情确实很好，但是这样却伤害了其他的同事，因为实际上他们就是在炫耀自己家里有钱。

不要谈论关于自己家里的财产问题，这种问题除了给自己带来满足或者使别人伤心之外，不会有更多的作用。很多人喜欢拿自己家庭的财产和别的同事比较，他们只是为了满足自己的好奇心和虚荣心。

谈论私人问题

你大概从没有看到过一个人在办公室里向同事哭诉自己失恋了，但是我却看到过。那位下属并没有得到我的同情，而是受到了我的批评。我给她的建议是，不管她是失恋或者热恋，都不要把她的情绪带到办公室来，并且不要在办公室里和同事分享自己的故事——这个地方并不适合做这些。

还有一些人喜欢把自己生活中的事情在办公室里和同事分享，比如，昨天猫生了几只小猫，小猫真是可爱极了。这的确是令说话者高兴的事情，但是对同事来说却很无聊。这些无聊的话题只会分散工作时的注意力，而不会有助于工作。

谈论你的理想

不要对你的同事发表演讲，说你以后打算怎么样。你现在只是一个职员，而不是老板。那些"我以后一定要自己当老板"之类的话，还是去跟你的朋友、家人说吧！

更加不要说以你现在的能力应该可以做一个什么职位的话，这样会使你在无形中树立很多敌人。因为据我所知，几乎所有人都认为自己被低估了。你应该在工作中表现出你有多么能干，而不是表现在说大话上。

说长道短

不要在一个同事面前说另一个同事或领导的坏话，甚至是公司的坏话。那些人事关系的变动、职务的升迁都有自己的原委，并不是你想象的那样。

搬弄是非对你没有什么好处，只是使你多了一种危险。你无法保证你的同事不说出去，即使他们看上去都十分可信。要知道，世上没有不透风的墙。即使你说的是一些非常中肯也没有什么恶意的话，人们传来传去，总会使你的话变了形。到时候，你会发现你已经无能为力了。

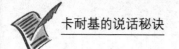

注意办公室里的禁忌

⊙办公室是工作的场所，要牢记这一点。最好不要谈论跟工作无关的事情，你可以在别的地方谈论这些。

⊙不要评论公司或者同事，任何评论都不会给你带来好处。

⊙如果你想要树立你良好的形象，就用工作去证明。你跟你的同事、领导都只是一种工作上的关系，而不是生活上的关系。他们并不一定是你的朋友。

⊙不要闲聊。闲聊只会使你显得很无聊，而不会拉近你和同事之间的关系。

和别的公司比较

不要拿自己的公司和别的公司比较。"家家都有本难念的经"，难道自己的公司一定就比别的公司差？如果你的确这么认为的话，另谋高就应该是你正确的选择；如果你不打算这样做，而只是抱怨别的公司比你的公司好，这正说明一点：你现在正在这个不好的公司，那是因为你无能。

不要拿自己过去的公司说事。不要说"我过去的公司资本雄厚、工作环境好"。如果真是这样，你为什么不回原来的公司呢？老板不会喜欢你这样的话，同事也不会喜欢，因为他们好像听见你在说："你们都是一群废物。"

扫码获取更多资源

第四章

赢得异性的

两性语言

　　亲朋好友是我们的情感世界的重要组成部分，正是他们给了我们幸福。他们在我们困难的时候鼓励我们，快乐的时候和我们一起分享，悲伤的时候和我们一起分担。因此，每个人都希望自己的情感世界很和谐，因为这的确很让人们感到幸福。

　　不幸的是，即使这种愿望很强烈，现实也并不总能如愿。我们经常看到的是，朋友间产生误解，以致变成了敌人；无数的婚姻破裂，惨淡收场；家庭生活也不像自己希望的那样美满。人们都在问：为什么会这样？

　　问题出在你们自己身上。或许不是你一个人的责任，但是失败的、不和谐的情感世界的形成的确有你的"原因"。而像其他人与人之间产生的问题一样，根本的原因可能在于，你们没有实现有效沟通。

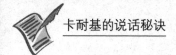

如何赢得异性的信任

在我们这个时代，人们眼中的有才华的人，往往首先是一个善于表达的人。如果你只是在同性面前善于表达，从而赢得了同性的喜爱，那还只是成功了一半，因此，你必须想办法赢得异性的喜爱。

但是，如果你是一位男士，你可能经常遇到这样的情形：当你在和男士谈话的时候，你可以轻易地做到口若悬河、滔滔不绝；当对面坐着一位漂亮、可爱的女士的时候，你可能就会呆若木鸡，连一句完整的话也说不上来。

异性交往有着无穷的乐趣。在异性面前，每个人都希望自己能够像平时一样伶牙俐齿、妙语连珠。但是也许正因为这种表现的欲望过于强烈，每个人在与异性交谈时都或多或少地存在紧张感。其实，只要掌握一些基本的原则，要做到成功地与异性交谈、赢得异性的喜爱，就可以变得十分轻松。

礼貌有节

任何社交场合都需要一定的礼仪，异性交往尤其如此。众所周知，男性和女性的性格是各不相同的，男性偏向于坦诚、直率，而女性则委婉、含蓄。在此基础上，礼貌主要表现在尊重各自的差异方面，而这也构成了异性交往的前提。

一般情况下，男人靠眼睛来感受，女人靠耳朵来感受。这意思是说男人往往更加重视视觉效果，而女性则对动听的语言更加注意。在与男性的交谈中，任何一个不雅的举动都可能会被他收入眼底，而在与女性的交谈中，我们的任何一句令人不悦的词句都会被她装进耳朵。

另外，性别对于接受是有影响的。同样的一句话，对不同性别的人讲，可能意味着不同的意思。一般来说，男性能承受比较直率、干脆、粗放的话语，而女性则更加喜欢委婉、轻柔、细腻的话语。

因此，考虑到性别差异，你就不能把一些同男性说的话同样地诉说于女性，这样会冒犯对方的。

比如，对于陌生的或者不太熟悉的女性，不应该问及她的年龄，也不应该贸然地问她的家庭情况，因为这都会被认为很冒失、没有礼貌。而同样的问题如果问及男性，这样的不佳效果就不会产生。对男性说的话可以粗放、豪爽一些——当然要在非正式场合。但是对女性却不能说同样的话。特别是开玩笑时更应该注意程度和对象。

话语投机

如果注意观察，我们可以发现这样一种情况：男性交谈的话题往往是较公开性的，比如社会、时事、政治等等；女性交谈的话题往往是较私人性的，比如服装、孩子、家庭等。注意到这个区别，对我们寻找合适的话题有很大的帮助。

男性和女性的谈话是有十分明显的差别的。一般而言，在男性面前，大多数女性并不会主动引导话题、滔滔不绝，她会更加愿意做一个倾听者和跟从者，表现在谈话中，她的话会显得比较含蓄。这时候，谈话的主动权一般都掌握在男性手中。而一场谈话的成功与否，主要是由男性控制的。

赞美对方

任何人都喜欢被称赞。由于人们都希望赢得异性的好感，所以异性的称赞对他们来说就更加重要了。可以说，赞美，是赢得异性好感的最好的方法。

如果一个男人采取了某种行动，进而得到了对方的赞同，他就得到了自己希望得到的最高的赞赏。比如，如果女性对他欣赏的电影评论说："这真是一部十分有趣的电影。"这等于在说："你真是一个有趣的人。"这种肯定的引申意义，确实是不可思议的。

相对而言，女人则更加喜欢得到直接的赞美。当一个女人被称赞"你今天真漂亮"的时候，这会让她——如果她开始心情不那么好的话——变得高兴起来。需要注意的是，如果说男人喜欢听到"今天晚上你很愉快"，那么女人则更加喜欢听到"你今天晚上真迷人"之类的话。

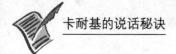

保持神秘

在心理学上，保持神秘感是一个人拥有持久魅力的不二法门。很多人抱怨他们结婚之后爱情就走向了灭亡，这在一定程度上就是因为丧失了神秘感。这种抱怨不能不说有一定的道理。

与此相反的观点是，人与人交往应该真诚、直率，说话应该直截了当。但是我们可以说，异性在交往的时候却并非如此。

我们的确需要向对方敞开心扉，但是这却是在一定程度上的"敞开"。可以这么形容这种程度，即能够让对方发现你有一定的吸引力，但是却并不完全坦白。

实际上，正是因为男女之间具有很多的不同，才让异性交往显得神秘，并且具有十分强大的吸引力的。而如果你一开始就展示了你的全部，那么也就在一定程度上丧失了这种吸引力。

赢得异性的信任

⊙尊重性别差异，这是异性交往的前提。在同异性的交往中，要时刻记住这一点。

⊙找到合适的话题进行交谈。要尽量找对方感兴趣的话题，而不是你喜欢谈论的话题。

⊙不要吝惜赞美对方，这是你赢得异性好感的最直接的方式。

⊙保持一定的神秘感，不要像对同性那样把自己的想法和特点全部表露出来，这会更加便于你赢得对方的好感。

⊙最极端的心理暗示：忽视对方的性别特征。这并不是指需要你忘记这一点，而是为了在心理上帮助你克服紧张感而做的暗示。在实际言行中，你还是必须注意它。

社会交往中忽视性别差异

如果你同对方的交谈是一种以社会交往为目的的异性交谈，那么，你最好在一定程度上忽视对方的性别特征，这样才能做到自然、和谐，才能消除紧张心理，也只有这样，才能够在客观上帮助你赢得异性的好感。这一点很好理解：正因为这种差异的存在，你才会想到在交谈的过程中应该取悦对方，才会郑重其事。当然，忽视性别差异并不意味着你可以不拘小节，因为所有谈话都是需要注意礼仪的。

当一个人出现在许多异性中的时候，这时你们的话题可以是那些适合大多数人的。

如果他们大多是男性，自然不能寻找那些家庭或者孩子等较私人的话题，以勾起少数女性的兴趣。作为一个女性，如果你处在这样的环境之中，最好倾听他们的谈话；如果可能的话，还要表现出极大的兴趣。这样，你才能够取得社交的成功。

婚姻生活切忌唠叨不休

大文豪列夫·托尔斯泰是世界上最伟大的作家之一，他的《战争与和平》、《安娜·卡列尼娜》是世界文学史上不朽的名著，他因此而拥有了耀眼的名望、财富和社会地位。但是，这些对人们来说最宝贵的东西却丝毫没有使他的婚姻变得幸福；相反，可以说，他的婚姻是他这一辈子最大的悲剧。

托尔斯泰认为金钱是一种罪恶的东西，因此他想要放弃他的作品的出版权，不再对他的作品征收版税。但是他的妻子是个过惯了奢侈生活的人，她这一辈子最重要的工作之一，就是为这个问题对托尔斯泰不断地进行责骂和唠叨。在地上撒泼打滚是她经常使用的伎俩，她甚至要挟托尔斯泰：如果他再阻止她得到这些钱，她将会服毒自杀。

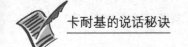

由于再也不能忍受家庭和婚姻对他的折磨，托尔斯泰在他82岁那年10月的一天——那天正下着大雪——离家出走了。他宁愿在寒冷的黑夜里漫无目的地行走、忍饥挨饿，也不愿再见到那个可怕的女人。11天后，人们发现他死在一个火车站的候车厅里，那时候一个亲人都不在他身边。而他的遗言却是不许他的妻子出现在他身边。

当托尔斯泰去世的时候，妻子终于意识到了她给这位伟大的人物所带来的痛苦，只是一切都已经太晚了。她临终的时候对她的儿女说："你们父亲的去世，是我的过错。"听到这样的话，他们的儿女能够说些什么呢？他们都知道这是事实——正是她的喋喋不休和没完没了的唠叨把托尔斯泰给害死了。

破坏爱情和婚姻的最狠毒的手段，就是唠叨不休。它像眼镜蛇吐出的可怕的毒液一样，总是具有巨大的破坏性，能够轻而易举地让一个美好的家庭走向破裂。当然，偶尔的吵嘴没有这么大的破坏性，它是不可避免要发生的事情。一般的人都知道怎么去弥合吵嘴所带来的微小的创伤，而不至于使它过大。唠叨不休的人却并不这样，他总是这么做，其结果就是造成的伤害无法弥合。

林肯最大的悲剧也不是他被暗杀——当然这也很不幸——而是他的婚姻。我们不知道当他被枪击之后，他是否感到了痛苦，但是我们的确知道，在此之前的23年里，每个黑夜和白天，他都不得不遭受婚姻的折磨。在他去世后，当他的儿子小泰德被告知自己的父亲已经进入了天堂时，小泰德动情地说："我的父亲在人间的日子一点都不快乐，值得庆幸的是，他现在已经得到了解脱。"

林肯当年的同事贺恩律师曾经说："林肯的不幸，是婚姻造成的。"的确如此，林肯夫人生性刻薄，对林肯尤其如此。她在婚姻生活的大部分时间里都在寻找和指责这位伟大人物的缺点。她总是以指出林肯的长相丑陋为乐，说他的大耳朵垂直地长在脑袋上、鼻子太短而嘴唇又太突出、四肢太大头却太小。不仅如此，她还指责林肯走路时总是佝偻着身子，肩膀一上一下地十分滑稽；她一边抱怨林肯走路没有弹性，一边还模仿他走路的样子。

比佛瑞兹是研究林肯的专家，他在自己的回忆录中写道："林肯夫人的嗓音十分尖，叫起来连街对面都能听到，她斥骂的声音，能够让邻居听得一清二楚。不仅如此，她发怒时并不仅仅限于语言，还包括行动等其他方式。"换作其他任何一个人，与这样的夫人生活在一起，其婚姻生活都是不会幸福的。

我们可以随便举一个例子。在林肯夫妇结婚后不久，他们租赁了欧伦夫人的房屋。一天早上，大家正坐在一起吃早餐。因为一句无关紧要的话，林肯激怒了他的夫人。她立即跳起来，当着许多人的面，把一杯热咖啡泼到了林肯的脸上。

林肯尴尬地坐在椅子上，一声不吭地忍受着。后来，欧伦夫人拿来了毛巾给他擦脸和衣服，而林肯夫人却依旧在唠叨。

当这种婚姻像恶魔一样折磨着那位伟大的总统的时候，他发现这样的唠叨和谩骂简直比政敌的毁谤更加让人难以忍受。当林肯作为律师经常到外地办理案件的时候，每到星期六，其他律师都回家和家人共度周末，林肯却从不回去。他像一个没有家庭的流浪汉一样，宁愿忍受乡下旅馆恶劣的条件，也不愿意回到地狱般的家里。

日本人针对婚姻生活不美满的原因进行了调查，结果发现丈夫对妻子不满的因素中，位居前三位的依次是：唠叨不休（27%）、性格不好（23%）、不懂得持家（14%）。也就是说，导致人们婚姻不美满的很大一部分原因是女士的唠叨不休。有一位女士，她不但性格温柔、善于持家，而且对丈夫也十分关心。但是就在不久前，她的丈夫却愤然离家出走了，其原因就是他忍受不了妻子事无巨细的唠叨。这一事例正好也说明了日本的调查的正确性。

这并不只是社会学家的发现，一些法律也把忍受唠叨当成了一个可以减轻犯罪人刑罚的条件。比如，瑞典法律就明文规定：如果受害人是一个爱唠叨的人，那么杀害受害人的被告可以被判为过失杀人罪。而乔治亚州的最高法院所判的案件表明，丈夫如果是为了躲避妻子的唠叨而把自己反锁在房子里，则是无罪的。他们认为，即便是住在阁楼的某个角落里，也比住在大厅里却要忍受女人唠叨要来得舒服。

有不少的事例都说明了唠叨不休对婚姻的破坏作用。《电信世界》中曾经有一篇文章报道了这样一件看起来很离奇的事情：一个已经50岁的维修员一连雇用了3名杀手，最后终于杀死了他的妻子，其原因竟然是他忍受不了妻子的唠叨。据这位丈夫说，他的妻子总是能够围绕一件不起眼的小事说上3天3夜，这都快要把他逼疯了——事实上，从他做出的这件事情来看，他已经疯了。

一名32岁的坦桑尼亚男子曾经用一瓶驱虫剂过早地结束了自己的生命。人们在他的尸体旁发现了一个药瓶和一封信，他在那封信里写道：我决定立即结束我的生命，因为我的妻子总是喋喋不休。

防止自己唠叨不休

⊙让你的丈夫或者家人监督你，请他们发现你有这样的表现时，立即提醒你。

⊙尽量只把话讲一遍——如果确实很重要的话，不要超过3遍——然后忘了它。因为如果对方不愿意听你的话，即使你讲了100遍，他也会无动于衷。

⊙用更加聪明的办法达到你的目的。条条大路通罗马，不可能只有一种方法能使对方听从你。唠叨不应当是你的首选。

⊙不要把举足轻重的大事和无关紧要的小事同等看待。因为一件浴衣就对丈夫大动干戈，这样是十分愚蠢的。不要让小事影响了你们的爱情。

⊙用理智来控制你的情绪，不要随意爆发你的感情。每个人都受不了这样的处理方式。

我无意把婚姻生活不美满的原因全部归结到女人们的唠叨上——实际上，在所有这样的事情当中，另一个人同样也可能犯很严重的错误——我想说明的只是，如果你确实意识到自己喜欢唠叨不休，并且这种唠叨正在破坏你的婚姻生活，那么，你应该毫不迟疑地结束它。

男人别用沉默折磨女人

蒙哥马利是英国历史上著名的军事家。他在 38 岁的时候，仍旧是一个光棍。直到 1926 年，他的生活才因为遇到了卡菲尔夫人而发生了改变。

当时，没有人想到这个声名显赫的将军会爱上一个军人的遗孀。蒙哥马利当然不在乎这一点，他在乎的只是他对卡菲尔夫人的爱情。一年后，他们在齐奇克教区的一个教堂里举行了婚礼，正式开始了他们幸福的婚姻生活。

蒙哥马利并不像一般的军人那样脾气暴躁，在整个婚姻生活中，他几乎没有什么粗鲁和没有教养的言行；相反，他对自己的妻子从来都是礼貌有加，而且似乎有说不尽的甜言蜜语。当贝蒂·卡菲尔做了一件家务的时候，他总是会对妻子说一声"谢谢"；他总是赞美他的妻子很漂亮；在平常的日子里，他也总是对妻子说一些话来逗她开心。他千方百计地使他的妻子感到幸福和满意，自己也因此得到满足。

1937 年的春天——这时候，他们的婚姻已经持续了 10 年——当贝蒂在海边散步的时候，她不幸被一只毒虫咬了，并因为毒性发作被送往当地的乡村医院。蒙哥马利赶到医院，守护着贝蒂。最后，贝蒂在蒙哥马利的怀里安然逝去。在她临死前的几分钟，蒙哥马利还在为她朗诵《圣经》和赞美诗，但是却已经不能再唤醒妻子。

应该说，贝蒂是幸福的——我指的不仅是蒙哥马利在她死后没有

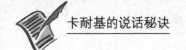

再娶，她是他这辈子唯一的恋人——我想说的是，这个世界上的大多数女人好像都不如她那么好运，她们的婚姻生活似乎并没有这么幸福、浪漫。如果她们自己没有主动去行动的话，她们回家后看到的将毫无例外是一个一直冷冰冰的家庭。在结婚之前，丈夫是一个能说会道、口若悬河的人，但是结婚之后他却好像变了一个人一样，对家里的一切——包括自己——似乎都失去了兴趣。丈夫像蒙哥马利那样对自己说着不尽的甜言蜜语，这对这些可怜的妇女来说简直就是痴心妄想。

不要认为我们的切身感受是不可靠的。社会学家也告诉我们这样一个事实：结婚以后的男人是沉默的动物。女人们常常对人抱怨说："他什么都不肯说。"他不愿意说出自己为什么一回来就要躺在床上，为什么总是忘记结婚纪念日，为什么不肯打妻子为他买的那条领带。他们这么做了，但是却认为自己不需要对此解释些什么。

问题在于，正如前面我们提到的谚语所形容的那样，女人确实是用耳朵来"观察"世界的。她当然不希望吵架和怒骂，但是也绝对不想听不到任何声音。大部分的女人相信，她们是需要被关心、需要经常听到些甜言蜜语的。她们经常抱怨自己的丈夫不像以前一样赞美自己、关心自己，这似乎表示她已经对他失去了吸引力。她不想自己面对的是一个沉默的丈夫，她不想男人用沉默来折磨自己。她们希望能够像新婚时那样听到丈夫对自己多说几句赞美的话，从而让自己高兴起来。

一个农妇表达了自己对这种沉默的愤怒，虽然有一些夸张，但是的确很能说明问题。她和大多数有工作的女人一样，每天除了自己的工作之外，还必须给家里人做饭。有一天，晚餐的时间到了，她却把一大堆草放在饭桌上。丈夫对这样的行为感到十分不解，问她是不是发疯了。这位农妇回答说："我还以为你不知道自己吃的是什么呢！我做了 20 年的饭，你一次也没有告诉我你吃的不是草而是饭。"

沙皇俄国时代的那些上层人物都很明白这个道理。每当他们品尝了美味的食物之后，他们一定不会忘记对做出这些美味的厨师表示感谢和赞赏。遗憾的是，那些每餐都吃着妻子做的可口饭菜的男人们，却并不像这些上层人物那样有礼貌。他们似乎都认为自己应该得到这些东西，所以并没有在品尝食物的时候，告诉妻子他吃的不是草！

是他们懒得说，还是他们不愿说？无论是因为什么，事实是他们都保持了沉默。从这一点来说，女人的唠叨不休可能并不是因为她们天性如此，而是因为男人的沉默。她们是在用这种方式抱怨男人的沉默。

众所周知，苏格拉底，这个古希腊最善辩的哲学家在婚姻方面是个不折不扣的失败者。他在 40 岁秃顶之后，依靠自己的口才成功地博得了年轻漂亮的 19 岁的赞佩茜的芳心，使她嫁给了他。但是，他们的婚姻生活并不幸福。他的那位娇妻在婚后变得十分蛮横无理，而苏格拉底也经常称她为"泼妇"。

也许一般的人会由此得出一个结论：婚姻是爱情的坟墓。但是这么想过于简单了。那些熟悉苏格拉底的人告诉我们，正是苏格拉底一手造成了自己不幸的婚姻。他在得到赞佩茜之后，开始用沉默对待这位妻子。他要求赞佩茜做一个听话的、传统的、保守的妻子，并且经常对没有达到这个要求的赞佩茜大加责骂。年轻的赞佩茜自然无法转变得如此之快，因此忍不住会用发脾气来发泄心中的愤怒。而当她在被苏格拉底说成是"恶妻"之后，她的脾气变得越来越暴躁，最后终于变成了一个真正的"泼妇"。

因此，有专家指出，如果在婚后苏格拉底对赞佩茜还像婚前那样热情的话，那么赞佩茜是不会变成那个向苏格拉底泼污水的"泼妇"的。

事实上，另一项研究表明，因为某种无法解释的原因，男人比女人更加喜欢争辩。但是奇怪的是，男人却很少在自己的妻子面前争辩。当他吃到自己并不喜欢的晚餐的时候，他可能会放下饭碗去看电视，却不跟妻子解释他为什么这么做；当他觉得妻子的妆化得过浓的时候，他也会不置一词。他们好像以为只有这样才会相安无事。

但是事实并非如此，我的一个成功的作家朋友就是这样的。他有

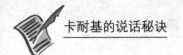

男人不要继续沉默

⊙婚姻并不是坟墓，如果你愿意的话，你可以使婚姻变成天堂——关键在于你怎么去做。

⊙把男人在婚前追求妻子的激情拿出来，不要对婚后的生活感到厌倦。

⊙感谢、赞美你的妻子——当然，这还不够——会让她觉得为你所做的一切都是值得的。

⊙多说些"甜言蜜语"，这样做不会有坏处。如果你真心喜爱你的妻子，就要把"甜言蜜语"说出来，而不是埋在心里。

一天找到我，向我说起他家中的烦恼。他像苏格拉底一样把他的妻子说成是一个难得一见的泼妇，并且说她似乎喜怒无常、太难伺候。

"她的工作并不十分辛苦，"我的这位朋友说，"但是一回到家她却经常唉声叹气。她最喜欢无理取闹，常常莫名其妙地就大吵大闹起来。我并没有跟她争吵，但是家中却永无宁日。"

的确，这位作家生性安静，而且喜欢沉默寡言，他更擅长的是写作，而不是说话。

我建议他说："你试着多陪她说说话，也许她所做的一切都只是想要你多说几句话而已。"

一个星期以后，这个朋友又来见我了，他高兴地对我说："的确如此。我现在经常赞美她，对她嘘寒问暖。她的脾气原来还是很好的。"

在很多情况下，男人所忽视的东西往往是女人重视的东西，如一句问候、一句关心，或者一句表达爱意的话——这本来是无关紧要的东西，但是却往往能够使女人高兴起来。既然如此，为什么还要用沉默来折磨女人呢？

用鼓励代替指责和批评

在美国，有一位著名的女士，被别人戏称为"打岔专家"。在一次宴会上，她的丈夫十分兴奋地跟朋友们谈起了某位将军的事迹。他正说得兴起，没想到这位女士进来插话说："先生，不要再说了，如果你能有他一半的才能，我也就心满意足了。"她就是这样在大庭广众之下给她的丈夫泼冷水，批评她的丈夫的。这当然让人受不了。最后，她的丈夫不得不跟她离了婚。

另外，也有与此相反的例子。俄国女皇凯瑟琳统治着世界上最大的帝国，毫无疑问，她有着至高无上的权力。事实上，她是一个残忍的女人，曾经发动过许多次毫无意义的战争，杀害过许多仇敌。但是她的婚姻生活却很幸福，因为她在家里一直都是十分温和的，她从不疾言厉色地对她的家人进行批评和指责。即便她的家人犯了什么错误，她也会什么都不说，而是微笑着好像什么也没有发生一样。

当珍妮·维茜嫁给杰姆斯·克力尔的时候，许多人嘲笑这是一桩极不协调的婚姻，甚至有人说，这简直就是"鲜花插在牛粪上"。维茜是一个非常漂亮并且拥有大量财产的女孩，而她的丈夫却是一个不名一文的家伙，并且看不出有什么前途——所有人都知道他粗鲁、愚蠢而且没有教养。

维茜却不顾一切地爱上了克力尔，认为她的丈夫是当代少见的天才诗人。她几乎放弃了自己以前的全部生活，陪她的丈夫住到了乡下，一心一意地在生活上照顾丈夫。她成了一个完全称职的家庭主妇，缝衣做饭、悉心照顾有胃病的丈夫、驱散他心中的抑郁。她坚信自己的丈夫能够成功，而且总是鼓励他去做自己想做的事情。

"我从不去指责和批评他什么，"维茜在她的一封信中说，"包括他的粗鲁和没教养。正好相反，我认为这都是他的个性，而我爱的是他的全部。为什么一定要把每个人都变成同样的模型呢？我总是在帮助

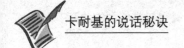

他，这一点他一直很感激我。"

结果如何呢？克力尔最后成为爱丁堡大学的校长，他的《法国大革命》、《克莱沃尔的一生》成为名著，而他们夫妻在顿查尔的住所成了有名的文化聚会的场所。

我的一位朋友的妻子——上帝保佑，我幸亏没有这样的一位妻子——总是嘲笑他的每一份工作。一开始，他找了一份推销的工作，由于是新手，他的业绩不是很好。每次当他到家的时候，他的妻子总是对他说："我的天才推销家，今天是不是又成交了好多笔买卖？但是，我怎么没有看到你带回家的佣金呢？看你的脸，不会是又被经理臭骂了一顿吧？"

这种愚蠢的嘲笑持续了很多年。不过，我的这位朋友一直没有放弃当初的那份工作。如今，他已经是那家全国有名的公司的经理了。他和他原来的妻子离婚了，现在的妻子很年轻，经常鼓励他、给他支持。而他的前任妻子却好像很无辜，她对别人说："他怎么能这么对待我呢？他穷苦的时候是我陪伴他的，但是他现在却离开了我，找了一个更加漂亮和年轻的女人。"

有什么不可以理解的呢？

你为什么不能容忍你的丈夫有一些缺点，而经常对其进行指责和批评呢？当他犯了一个错误的时候——不管他是有意的还是无意的——你为什么都要批评他呢？你应该做的是慷慨地原谅他。当你告诉你的丈夫，说他在某件事情上的做法真是愚蠢透顶，在这方面一点儿天分也没有的时候，那么就已经扼杀了他改变的动力和希望。批评和指责解决不了问题，它们只会使事情变得更加糟糕。社会学家一再告诫我们：批评和指责只会使家庭不和谐，使婚姻破裂。

如果我们换一种方式，即对他进行鼓励，那么情况就变得好多了。作为家人，你应该相信他有能力做好这件事情，这样他才会调动全部的积极性，投入到这件事情中去。

我上文提到的桃乐斯，她的丈夫罗伯·杜培雷一直想做一个保险行业的推销员，但当他在 1947 年开始真正从事这一行业的时候，却一次也没有成功过。一天，他决定放弃这份工作了。

"我完全失败了，"他对他的妻子说，"也许我本来就不适合这份工作。我一开始的选择就是错误的。"

也许一般的人会用批评来使罗伯改变主意，但是桃乐斯知道这是一种愚蠢的做法。她坚定地告诉罗伯，这只是暂时的失败而已。她鼓励他说："不用担心，罗伯，我相信你一定会取得成功的。"接着，桃乐斯指出了罗伯的一些连他自己都不知道的才华，说正是这些才华能够确保他取得成功。

后来，罗伯找到了另外一份推销的工作，可是他仍旧一次一次地失败。如果不是桃乐斯的鼓励和支持，他早就放弃了再试一次的想法了。桃乐斯不断鼓励他说："再试一次，也许你就成功了。你要知道，你有这个能力。"

"我觉得我不能辜负她的信任，"罗伯在一封信里说道，"她成功地在我身上建立了她的自信，而我正是依靠这种自信建立起自己的信心的。这就是我前进的动力。"

我们相信罗伯终有一天会取得成功的，因为对于目标而言，只要自己想要达到，最终就会达到。像这种家人面对失败而灰心丧气的例子不胜枚举，这时候只有鼓励才对他有作用，而批评和指责，只会导致非常糟糕的结果。

法国著名的科幻小说家儒勒·凡尔纳在未成名的时候，像处于这个阶段的大多数人一样，投出的稿子无一例外地被退回了。他气得打算把所有的稿件都一把火烧光，所幸稿件被他的妻子夺了过去。妻子对他说："亲爱的，你写得棒极了！我相信你一定会成功的，再试一次吧！"他又试了一次，结果果然被采纳了，并且正是这部书稿的出版使他一举成名。

如果你想改变你的丈夫或者妻子的某个缺点，你也应该用鼓励的办法。我们很多可爱的女士都会花时间打扮自己，让人看起来非常喜欢，

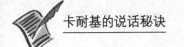

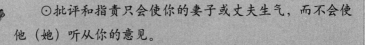

用鼓励代替指责和批评

⊙批评和指责只会使你的妻子或丈夫生气，而不会使他（她）听从你的意见。

⊙不要用傲慢的语气指挥他应该怎么做，最好的办法是让他自己愿意这么去做，而鼓励就是这样的一种好办法。

⊙当你的爱人失败的时候，他（她）需要的不是你的指责和批评，而是你的鼓励和你给予的信心。

但是约翰的妻子却是一个例外。她似乎没有打扮的习惯，只是有时候心血来潮了才打扮一下自己。我并不是说不打扮就一定不好，但是对约翰的妻子而言却正是这样。她不打扮，只是因为她有一个很漂亮的姐姐。每当别人劝她打扮的时候，她经常回敬道："不用你管，我再怎么打扮也不如我姐姐。"

她根本就认为自己不适合打扮，所以她并非不爱打扮，而是自卑的心理在作怪。约翰深知这一点，但是他并不像其他人那样，直接指出她不爱打扮的毛病，而是当妻子不打扮的时候，他就一声不吭；当她偶尔打扮了一次，他就用真诚的赞美去打动她："你真漂亮！"慢慢地，妻子对自己的容貌产生了自信，也经常打扮起来了。

不要批评和指责你的丈夫或妻子，改用鼓励的方法，也许对方会更加乐意改变自己。

男人可以适当地表现出脆弱

洛杉矶的家庭关系研究专家保罗·鲍贝洛曾经得出这样一个令人信服的结论：相对于知识丰富、有能力的女性来说，大多数年轻男人在选择自己的对象的时候，更加愿意选择一位对他有诱惑力、能满足他的虚荣心并且能够使他产生优越感的女子。

这个结论跟我们平常的印象几乎没有差异，它是男人们的共同特性。现在，已经没有男人对他的妻子说："没有你我怎么活？"——我指的是真心话。在我们的文化背景中，男人们被要求"像一个男人"，这意味着他们必须有权威、说话算话，必须总是很坚强。事实上，这正合他们的意愿，他们无一例外地想要树立自己坚强的甚至是至高无上的形象。在家庭中，他们认为自己应该理所当然地取得领导权，家庭的大小命令都应该由他们发出，他们才是真正的一家之长。他们不想表露出自己的脆弱。

埃迪·康德曾经无数次在公开场合表示了他的妻子在他的生命中的重要性："我从我的妻子那里得到的东西胜于任何人：她帮助我在事业上不断进步；正是她的节俭，使我有足够的资金用于投资；她为我带来了家庭生活的全部幸福。假如说我有一些成就的话，那么全是她的功劳。"

我相信，埃迪的这些话都是发自内心的。现在，像埃迪这样的男人已经不多了。现在的男人只要取得了一点成功，就会毫不犹豫地把功劳全部揽到自己身上。即使他要感谢他的妻子和家人，那也多半只是出于礼貌。

我有一次参加招待会，那个男主人是个有名的人物。他对所有的来宾都表现出了极大的热情，并且都十分有礼貌。可以说，他的绅士风度和完美形象几乎无可挑剔——但是却只是"几乎"而已，原因是他对自己的妻子很明显不是那么重视。人们只要注意观察，就可以很明显地看到，无论是言行举止还是神情、目光，他都好像对待一个陌生人一样对待妻子——不，在当时而言，比不上对待一个陌生的客人。他的太太在人群中显得很尴尬，我猜想她很想回到自己的房间。

这种截然不同的态度一度使我感到非常奇怪，但是后来我却找到了原因：那是男人的自尊心在作怪。他一定认为，在这样的公共场合，没有必要关注自己已经非常熟悉的妻子；他一定认为，如果表现出他柔情的一面的话，会给客人们留下不好的印象。老实说，我们知道他急于把客人都招待好，但是他没有注意到这样会给他的婚姻生活带来——实际上已经带来了——不利的影响。而如果他把自己的注意力稍微分一点儿给他的妻子的话，那么客人一定不会大惊小怪，说不定还会增加他的魅力。后来，我听说他们的婚姻并不美满，甚至于在闹离婚。这是我们意料之中的事情。

柴斯德菲尔德说过："要养成一种好的风格，必须做出一些小小的牺牲。"——只是一些小小的牺牲而已。对男人而言，这意味着要多表示对妻子的关心，多献一点儿殷勤。这很难吗？当然不，但关键是男人们认为这样做会损害他们的那一点儿可怜的自尊。他们绝不会表现出自己很顺从的样子，而是打算随时拿出权力的棒子来。他们不想对穿着、烹饪、料理家务这些女人的事情有任何兴趣，即使他们实际上非常关心。洞悉人情的安德烈·毛罗斯劝告男人们可以适当地表现出对这些东西的关心。

似乎有一种约定俗成的观点：男人不应该寻求帮助，特别是在感情方面不应该依赖别人。他们被告知：作为男人，应该把自己的痛苦藏起来，不让人知道。

如果他们没有脆弱的一面，那么女人们也许无话可说，关键是人人都会有脆弱的时候。但是男人们即使在工作上遇到了许多困难，也从不在别人面前表现出来。他们的出发点似乎是好的：希望家庭不要受到影响。他们保持一贯的坚强的形象，不希望在妻子面前表现出自己脆弱的一面。这让我想起了法国著名小说家巴尔扎克这么评论男人的一句话："有许多丈夫，让我想起了拉小提琴的大猩猩。"

当然，还有一些不是"大猩猩"的男人，看起来，这些男人不是很想出人头地。卡耐基口才训练班的一位学员在给我的信里写道：

"男人总是感到自己的生活就是比赛，如果他接受了别人的帮助，那么就会给他的成绩抹黑，甚至使他的成绩无效。我有时候觉得自己就像一个 80 岁的老头，一个劲地在心里嘀咕：'千万不要生病，千万不要去看心理医生。'实际上，我知道如果没有别人的帮助，就好像想登上珠穆朗玛峰却没有带氧气瓶一样，是不可能的事情。非常幸运的是，我现在已经摆脱了这种观点的影响。"

我的一位朋友的父亲佩利和母亲罗斯在一起幸福美满地生活了 60 个年头，连一次争吵都没有过。让我们来看看他们是怎么做到的。

在家里，一般是罗斯占主导地位，她决定钱该怎么花、午餐吃什么、买什么房子以及其他几乎所有事情；佩利一般是高兴地赞同她的意见。当老两口到女儿家里去做客的时候，女儿问起佩利想要吃什么，佩利总是这么回答："问你妈我想吃什么。"罗斯经常骄傲地对她的儿女们说，他们的爸爸是被她宠坏的，而一旦她不继续宠他，他就会不知所措。佩利表示完全同意这个看法，并且毫不费力地把它坚持了下来。的确，当罗斯在佩利之前离开人世的时候，佩利失声痛哭了好一阵子，有很长一段时间生活无序甚至不能自理。

不要认为他们天性如此。事实上，熟悉他们的人都知道：佩利是一个拥有聪明的头脑、具有领导天分和高超的说话技巧的人，而罗斯则天性温柔，并不习惯发号施令。但很奇怪的是，在他们组成的家庭里却产生了与之相反的"权力分配"。

以上的事例至少说明了这样的一个事实：在家庭中，男人也可以表现得很脆弱。当然我的意思并不是说每个男人都应该向佩利学习，我的意思是，我们为什么不顺从我们自己的天性呢？更何况，男人适当地表现出自己脆弱的一面，会使我们的婚姻生活更加幸福。

一个卡耐基口才训练班的学员跟我谈论起他的婚姻。他说在他们结婚的 10 年里，他没有看到过他的妻子的一次笑脸——当然这是夸张的说法，他的意思是说，她好像一直都很不开心。

一年以前，他的妻子到医院做常规检查，回来后告诉他：她患上了不治之症。这个消息就像晴天霹雳一样，让他感到惊慌失措。他爱他的妻子，老实说，他宁愿失去自己的生命也不愿意失去她。当他想

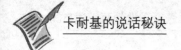

男人可以适当地表现出脆弱

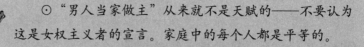

⊙"男人当家做主"从来就不是天赋的——不要认为这是女权主义者的宣言。家庭中的每个人都是平等的。

⊙如果你从来表现的都是大男子主义，除非你确认你的妻子喜欢——这种概率是很低的——否则，必须加以改变。

⊙男人需要表现脆弱——只是适当的，不要使它过于肉麻。

到妻子在他们结婚的这10年里一直很不开心，而现在她居然就要离开自己时，他感到自己对不起她。最后，他居然当着妻子的面哭了起来。

后来他们到另外一个医院检查，发现那个不幸的消息是医生的误诊。虽然他虚惊了一场，但是却得到了很多的东西。让他奇怪的是，他的妻子明显比以前快乐多了。一天，他终于知道了他的妻子快乐起来的原因。

"亲爱的，"他的妻子跟他说道，"你以前从未让我感到过幸福。你在我面前从来就像我的父亲那样，对我都是用命令的语气说话。即使在我十分伤心的时候，你也从不安慰我。这好像是在告诉我，你一点儿都不在乎我。这种感觉折磨着我，但是我不知道怎么跟你说。直到这次，当你知道我患病了，表现得那样伤心，我才知道你是爱我的。所以，我当然很快乐了。"

是的，大部分妻子都有这样的感觉，虽然她们没有表现出来——我在前面讲过，这样的情况很糟糕。因此，如果你们想要婚姻幸福，为什么不适当地表现出你们的脆弱来呢？

别动不动以离婚相威胁

"我们离婚吧!"这句话没有人喜欢听，当然也没有人乐意把它说出来。可以说——如果不怕过于偏激的话，在所有的、形形色色的夫妻之间的矛盾和冲突之中，只有离婚这个要求显得比较过分，而且比较棘手。听到这个词的时候，人们就会像一个被告被法庭宣判了死刑一样感到害怕。我所说的恐怕大多数人都会同意。

但是请注意，我所指的是庄重的宣告，而不是那种开玩笑的话。因为所有有威力的话如果变成了一句玩笑，就跟"你好"这样的词语一样平常，也就失去了它原来的意义。遗憾的是，好像有不少人经常拿它来开玩笑，至少并不是以严肃的态度来对待它。

当然，一般的人还是不会经常用它来开玩笑的。但是据我观察，最近越来越多的丈夫或妻子对他们的配偶滥用了这句话。他们动不动就会以离婚威胁对方，以达到改变对方或者使对方听自己摆布的目的。他们天真地以为，所有事情都可以用这种有攻击力的谈话来解决。

"如果他爱我，他会愿意为我改变的。"许多在口头上说离婚的人经常这么想。他们期望这种有分量的条件能够换来对方的改变，而如果对方在这种情况下都不能改变，那么他们就会把这张支票兑现——采取行动,也就是离婚。他们把离婚当成了婚姻的"试金石"。不幸的是，这样的试金石往往并不灵验。

最近，卡耐基口才训练班的一个学员维萨收到了这样一封信，信是跟他结婚已10年的妻子写来的。

"我之所以给你写这封信，是因为我讲的话你已经听不进去了。事实上，我已经警告过你很多次，我打算跟你离婚，但是你好像以为这只是我在威胁你或者强迫你。现在，我必须说，除非你能够拿出点儿行动来，否则我将马上将它变成事实。"

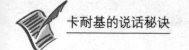
维萨在我看这封信的时候十分紧张，但是当我看完之后，他仍旧问我："卡耐基先生，你认为我妻子说的会是真的吗？"

我为这样的问题所困，感到难以回答他，因为答案只有他自己能够给出。当一封措辞这样激烈的信出现在他的面前，他居然还怀疑是不是真的。出现这种情况可以有两个解释：一个是维萨愚蠢之极——这一点，我可以非常有把握地予以否认；第二个就是确实如信中所言，他的妻子已经过多地用这个方法对他进行威胁了，从而让他仍旧以为这只是威胁而已。

果然，在接下来的谈话中，我了解到，维萨的妻子已经数次用严肃的语气对他说："如果你还不改正，那么我将和你离婚。"——而且有好几次情况似乎比这次更加严重，那时候他以为妻子已经打定主意了。维萨对我说，他确实很想改正自己的缺点，但是他并不相信他的妻子会跟他离婚。

他每次都是带着将信将疑的态度去看待这样的警告的，但是这次的结果却出乎他的意料之外——他并没有像往常那样幸运。最后，他

不要用离婚威胁对方

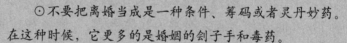

⊙不要把离婚当成是一种条件、筹码或者灵丹妙药。在这种时候，它更多的是婚姻的刽子手和毒药。

⊙如果你真的希望对方改变，用离婚相威胁并不是一个很好的办法。正相反，这种方法很愚蠢。你完全可以用其他的更加有效的方法去改变对方。

⊙也有这样一种可能：当你随意说出要离婚的时候，对方却当真了，这时候你后悔都来不及。

⊙如果他不想跟你离婚，他就会为你而改变——这只是你一厢情愿的想法。他会这么想：既然她因为我的这点小缺点要跟我离婚，那么她就是不爱我了。这样你就弄巧成拙了。

的妻子果真跟他离了婚。

维萨对此后悔不已。他像许多男人一样，抱怨妻子离开自己的时候毫无征兆，让他觉得太突然了。当妻子对他说要离婚之后，他以为这只是她的一种威胁而已，或者说，这只是她的一种策略。他每次都想，事情并没有糟糕到无法挽回的地步。

我并不想说这件事情的全部责任在于维萨的妻子，但是毫无疑问，她确实应该负很大一部分责任。"离婚"这个词过多地出现在她的口头上，于是就变成了仅仅是一种威胁。而我们应该知道，离婚应该是婚姻到了无法挽救的时候得出的结论性的东西，而绝不应该是一种条件。

许多人在说出"离婚"这个词的时候同时也会有"也许我们总会解决的"、"他最终会改变的"、"可能是我一时冲动"等等一类的想法，他们其实并不想真正地采取行动，或者说他们并没有完全死心。他们说这话的时候的确很气愤，并且真的有这样的想法，但是随着时间的慢慢推移，这种想法会渐渐淡化、消失。这可能可以解释为什么说"离婚"在事实上成为了一种条件。

那么，当你没有确定无疑的把握的时候，不要把这个词说出来。离婚应该成为你的底线，而不是可以宽容的条件，也不是筹码。只有当婚姻处于完全破裂的时候，你才能说："让我们离婚吧！"

让气氛好起来

在公园里，两个小孩子正在一起玩耍。突然，其中一个小孩因为对方没有给他机会荡秋千大叫了起来："我讨厌你！我再也不会跟你玩了！"他一边说一边果然就跑开了。但是过了一会儿之后，他们就又凑在一起玩起堆沙丘的游戏来了，好像什么事情都没有发生过一样。

孩子们是怎么做到这一点的呢？之前他们看起来还好像是死敌，

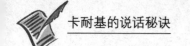

为什么转眼之间就变得这么亲密了呢？道理其实很简单：他们认为快乐比一切都重要。

在追求快乐和幸福的问题上，小孩子好像比我们更加擅长。我们成人似乎更加愿意用正确与否来作为参考，快乐和幸福已经退居其次了。我们似乎忘记了我们建立家庭就是为了得到幸福，而不是分出谁对谁错。几乎每天，你和你的妻子或丈夫都会为某一个重要或不甚重要的问题而争论，都会因为一时的冲动而说错话，从而把辛辛苦苦营造的和谐气氛破坏掉。我们遗憾地发现，再好的婚姻也会有摩擦，这似乎是不可避免的。

因此，当你在与妻子或丈夫讨论问题的时候，请随时注意你们的谈话气氛。我的一个朋友莎丽在跟我谈起这个话题的时候深有感触。像大多数妻子一样，她每天都要对布鲁克林说一些类似的话：

"你系的这条领带真是糟糕透了。我给你买的那条呢？""你今天又回来得很晚，是不是公司有什么事？"

布鲁克林对这些话的反应在不同的时候会截然不同。当他心情很好的时候，他会非常高兴地接受莎丽话里的一些正确的东西，而并不在意她表现出的不满。莎丽总是埋怨布鲁克林回家太晚，可是布鲁克林却总能想办法使他的妻子的烦恼一扫而空。这种气氛当然是最好的，随便她说什么，布鲁克林都不会生气。

但是当他心情不好的时候，情况将会变得十分糟糕。他会对莎丽吼道："我就是喜欢这条领带！"或者强压住内心的愤怒，一言不发地倒在床上。这时候，无论她说什么，他的态度都会十分蛮横，甚至避免谈任何事情。

心理学家告诉我们，当我们处在气愤的情绪中时，我们不会注意到自己有什么过错，而只会把和解的途径建立在对方的改变之上。我们不会再心平气和地倾听对方的谈话，主动解决问题的动力也会减少。这样，即使让两个人待在一个房间里都是很困难的，所有问题都得不到解决，甚至会越闹越大。

奥古斯丁和玛丽的婚姻可以给我们一定的启示。玛丽希望奥古斯

改善家庭气氛

⊙创造一个温馨、平和的家庭气氛，并且努力维持它。

⊙当你要发表意见的时候，考虑当时谈话的气氛。

⊙不要使气氛变得糟糕，当气氛变得糟糕的时候，想办法让它好起来。

丁每天能够多花点儿时间在家，可是她不知道该怎么和奥古斯丁说，因为他赚的钱比玛丽多了许多倍，并且她也知道，他很爱这个家庭，他的工作确实很忙，几乎抽不出什么时间。

虽然玛丽没有把这个要求提出来，但是她却希望奥古斯丁自己能够意识到这一点。而奥古斯丁根本就没有时间和精力来考虑这些事情。因此，他们的关系变得越来越糟糕。他们俩很难看到对方的一张笑脸，甚至不能坐下来好好谈谈，因为只要一坐下来，气氛就好像会立刻凝固起来。

他们之间的冷漠气氛一直持续了 5 年——以他们的离婚而告终。看起来不可思议，是吗？他们完全能够解决这个问题的，何至于搞得婚姻破裂？玛丽本来可以建议把家庭开支缩减，这样就可以免去奥古斯丁一些工作上的压力，从而使他有更多的时间待在家里。但是她却没有这么做。

原因当然并不那么简单，但是气氛是一个重要的因素。那样压抑的气氛使两个人都难以启齿，也是这样的气氛使得两个人都无法忍受，所以他们不得不使婚姻以失败而告终。

家庭气氛确实不容小视。因此，尽量不要做那些会让气氛变得糟糕的事情。当你发现气氛不那么融洽的时候，你不妨先平静下来，想一想对方应该有对的地方，或者换一种方法去说服她。千万不要让对方认为你好像跟她有不可调和的矛盾一样，这样会让她更加坚持自己的观点，而不是让步。

做些什么，使气氛好起来。我的一个朋友非常善于处理这样的问题。一次，他和妻子为究竟是买吉普车还是小型货车而发生了分歧：他认为，

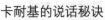

买吉普车的话，周末度假将会变得更加容易，但是妻子却认为小型货车更加实惠。正当他们好像要破坏一直以来的和谐气氛的时候，他伸出了他的舌头，模仿起了他们才 5 岁的儿子。妻子看到这种情景，不禁哑然失笑。紧张的气氛于是缓解了下来。接着，他心平气和地跟妻子解释为什么吉普车更加适合他们，而妻子最终也同意了他的意见。

还有一个很好的办法，那就是紧急叫停。当你发现事情已经朝着自己不可控制的方向发展的时候，应该及时地停止你们的争论。不要让你们不愉快的谈话继续下去，它会像恶魔般伤害你们之间的感情。

如果你们的确已经把气氛弄得很糟糕了，那么想办法进行挽救。你可以采用各种各样的方式，关键是你打算怎么去做。我和我的妻子之间经常会产生摩擦，但是我们绝不让这种不愉快的气氛超过两个小时。在这种情况下，我通常会对我的妻子说："请原谅，我刚才做的实在是太愚蠢了，我的压力可能太大了。让我们和好如初吧！"然后给她一个热情的吻。而她也会说："都是我不好，就让我们忘了它吧！"这样，我们的气氛就会再度好起来。

在所有家庭中，最常见的也是很愚蠢的一个做法是，大家都执行"冷战政策"。这时候，家庭的气氛是尴尬的。表面上，他们似乎想让时间来医治创伤，其实，这只是他们懒惰和不负责任的表现。你不可能依靠时间或其他类似的方式来维持、修复和增进感情，除了主动做点什么。

第五章
改变人生的
演讲语言

　　如果你能够让这个世界所有的人都听到"演讲"这两个字，你就可以感觉到这个世界开始发生微微的颤动——那是人们因紧张而颤抖所造成的。人们羡慕那些用演讲征服世界的人，比如林肯、萧伯纳等著名的演说家，但是人们却一致地认为，自己没有能力像他们那样，至少这辈子已经不可能。

　　实际上，无论处在何种情况下，绝没有哪个人是天生的演说家。在历史上的有些时期，演讲曾经作为一门精致的艺术，需要遵守严谨的修辞法和采取优雅的演说方式。这种难度使得人们如果想要成为一个出色的大众演说家的话，就需要付出异常艰苦的努力。但是现在，我们却把当众演说看成是一种扩大的交谈。在宴会上、教堂中或看电视、听收音机时，我们希望听到的是率直的言语、依照常理的构思，而不是夸夸其谈的、生硬的演说。

　　因此，当众演说已不再是一门需要付出像以前那样的努力

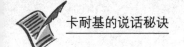

才能掌握的艺术了。它像平常说话一样轻而易举，只需要遵循一些简单的规则就行。

当众说话的方法和技巧

美国现金注册公司理事会会长、联合国教科文组织主席艾林在《演讲与领导在事业上的关系》一文中写道："在历史上从事商业的人之中，有相当一部分是凭借当众说话的才能而获得成功的。很多年前，一位当时还只是我们公司堪萨斯州一小分行的主管的小青年，在发表了一场十分精彩的演说之后平步青云，今天已经成为我们公司的副总裁，负责所有业务的拓展。"我恰好知道，这位副总裁现在已经是国家现金注册公司的总裁了。

的确，能够从容不迫地当众发表成功的演说，或者能够在众多人面前侃侃而谈，将使你的前途不可估量。因此，那些想要取得成功的人都会努力让自己当众说话的能力得到提高。

那么，当众说话都有些什么方法和技巧呢？这是一个很难回答的问题。根据多年的经验，我认为，要想取得当众说话的成功，至少应该注意以下三个方面。

选择跟自己有关的题材

一次，卡耐基口才训练班的老师和学生们在芝加哥的康拉德希尔顿饭店座谈。座谈进行的时候，一位学员站了起来，用慷慨激昂的语调当众说道："我认为，自由、平等、博爱是人类最伟大的思想。一旦没有了自由，生命便失去了意义。我们可以试想一下，如果我们的行动处处受到限制，那将是一种多么糟糕的生活！"

大家对他突然发表这样的高论十分惊奇。他的老师在他话还没有说完的时候，就制止了他继续往下说。这位老师问他为什么要谈论这个话题，为什么会有这样的结论，能不能就这个话题谈一下他的切身感受。

于是，这位学生说了一个惊心动魄的故事。他曾经是法国的一名地下工作者，亲身经历了纳粹党的严酷统治。他和他的家人，曾经遭到纳粹党的迫害和凌辱。他们十分惊险地逃过了纳粹党秘密警察的追杀，在历尽千辛万苦后终于到了美国。最后他说：

"今天，我自由地从密歇根大街来到这家饭店，大摇大摆地从一个警察身边走过。当我到达酒店的时候，并没有被要求出示身份证明。等座谈结束的时候，我可以去任何我想去的地方。因此，请大家相信，自由是值得争取的。"他的话引起了一阵雷鸣般的掌声。

毫无疑问，这位学员能够把这样空洞、严肃的话题讲得如此吸引人，是因为他加入了自己的真实经历。的确，如果你想要取得当众说话的成功的话，最好的说话题材是你自己的亲身经历。假使你亲身经历过一件事，或者你经过思考之后，使它成为你的一部分，可以肯定这个话题是适合你的。你可以回忆过去，从自己的经历中寻找有意义、给你留下了深刻印象的事情。它们可以是个人的成长历程、个人的奋斗故事、个人爱好、专门领域的知识、不同寻常的经历，或者是个人信仰和信念。我几年前进行过一项调查，发现上述与某些特定的个人背景有关的话题是听众最欣赏的题目，从而对听众也最有吸引力。

如果你在讲话中阐明了生命对你的启示，我想你会拥有很多的听众。当然，这个观点并不是那么容易就会被说话者们接受的；正好相反，他们往往会回避个人的经验，因为这些东西太琐碎和狭隘了。他们喜欢讲一些一般性的概念或哲理。实际上，这些东西更加不容易让人接受。人们喜欢新闻，可是你拿出社论来给他们看，他们怎么会喜欢呢？即使人们喜欢社论，也不应该由你来讲，他们会去请一个记者来讲。因此，如果可能的话，你还是谈谈生命对你的启示吧！只要讲得好，听众会很喜欢你的。

你千万不要以为这些话题太个人化了，或者太轻微了，听众不会喜欢听。事实上，正是这样的话题才能使听众感到快乐，让大家感动。

对话题充满激情

当然，并不是所有你有资格谈论的话题都一定能够吸引听众。比如，我是一个天天干家务的勤劳的男人，我当然有资格谈论拖地的事情。可是，我对拖地并没有热情，事实上我根本不愿提它，我能把这个话题讲好吗？但是，当一些家庭主妇来谈论这个话题的时候，她们似乎对之有无穷的兴趣，在说起这个话题时也十分投入，充满了激情。所以她们会说得十分精彩。

记得 1926 年的时候，我参加了日内瓦国际联盟第 7 次会议。一开始的几个演讲者使会议变得死气沉沉，他们几乎就是在读他们自己的演讲稿。接着，由加拿大乔治·佛斯坦爵士上台演讲，他并没有带任何手稿和纸条。他在整个演讲过程中充满了激情，经常使用各种手势，看起来非常诚挚。看得出来，他投入到自己所述说的内容当中去了。他诚心诚意地表达了自己的观点，并且希望听众也能相信他。他把这些信息表达得非常清晰和明确。

这就是非常有感染力的演说，因为演讲者本身就对演讲充满了激情。而那些对自己的演讲没有多大热情的人，看起来总是不那么可信。

弗胜·J. 辛主教是美国著名的演说家之一，他的演说极具震撼力。可是，一开始他并没有明白这个道理。

弗胜·J. 辛主教在他的《此生不疲》中记述了他的改变。当他在读书的时候，他有幸成了学院辩论队的队员。但是有一天，他们的辩论教授把他叫到了自己的办公室，狠狠地批评了他一顿。

"你真是差劲！"那位教授毫不留情地说，"从没有一个人像你这样发表自己的意见。"

他指的是弗胜不久前发表的一次演说。弗胜正想解释，这时，教授要求他照着那段演说词重新讲一遍。弗胜照着做了，这花了他差不多一个小时的时间。教授问他：

"你现在知道为什么这么差劲了吗？"

弗胜一下子并没有领悟过来。于是，教授更加恼火，对弗胜说："你再复述一遍!"弗胜不得已,又照着原稿复述了一个小时,最后,他都已经筋疲力尽了。教授问他:"现在知道了吧?"弗胜说:"是的。"

这两个半小时的谈话让弗胜印象深刻,他把自己悟出的道理铭记在心。这个道理就是:把自己融入演讲之中。

所以,在你打算进行当众说话之前,最好先确认自己对所讲的内容充满激情。如果你不能做到这一点,那么最好是换个能够让你有激情的题材。

与听众共鸣

我们知道,演讲由演讲者、演讲内容和听众 3 个要素构成。前面介绍的两个方法,讨论了演讲者和演讲内容之间的关系。但是,只有当演讲者把自己的演讲和听众联系起来的时候,演讲才算真正完成,这也就是说我们要注意与听众共鸣。

高明的演讲者总是热切地希望听众能同意他的观点,能和他产生同样的感觉,他不仅希望自己热情,也希望把这种热情传达给听众。这就是共鸣。他的演讲绝不会以自我为中心,而会以听众为中心。因为他知道,他的演讲成功与否,归根到底不是由他决定的,而是由听

如何当众说话

⊙选择合适的说话题材——最好是跟自己有关的题材。这样才能深入、形象地谈论你所说的话题,并且融入你的说话当中。

⊙充满激情地当众说话。让你的听众看到你对所说的内容充满兴趣和信心,只有这样,他们才可能被你打动。

⊙与听众共鸣。不要让听众以为你在自言自语,并且你说的东西跟他们没有任何关系,千万不要忘记听众的存在。

⊙练习你的说话技能。切记,没有一种理论可以脱离你自己的实践,那些具体的方法,应该在你自己的经验中获得。

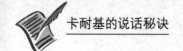

众的头脑和心灵决定的。

这个道理听起来似乎很简单，但是实行起来却很难。在推行节俭活动的时候，我曾经对美国银行学会纽约分会的部分职员进行演讲训练。其中有一位学员遇到了困难：他发现无论自己怎么努力，都无法调动听众的积极性，也无法与听众沟通。我对他说，纽约85%的过世的人，身后都没有留下分文给他们的家人；只有3.3%的人留下了1万美元或者更多。因此，他所讲的内容是帮助听众进行准备，以便他们能够老来衣食无忧，并且留给妻儿安全的保障。他所要做的事情是，让听众知道他所说的东西对他们确实很有帮助。

他对此进行了深入而细致的思考，终于认识到了与听众共鸣的重要性。于是，当他在演讲的时候，他尽量找到听众感兴趣的东西，并且与他们就这方面进行积极的沟通。这样，他最后终于取得了成功。

以上3个方法是非常基本的方法，它们确实能够帮助我们更好地当众说话。

如何克服怯场

在一次卡耐基口才训练班的毕业聚会上，有一个毕业生面对着许多人，坦诚地对我说：

"卡耐基先生，5年前，我来到了你举办演讲的饭店门口。当时我知道，只要一参加卡耐基口才训练班，就迟早要当众演讲。因此，我的手僵在门把上，却不敢推门进去。最后，我只好转身离开了。如果当时我知道你能让我轻易地克服恐惧——克服那种让我一面对听众就瘫倒的恐惧的话，我就不会白白浪费这5年宝贵的时间了。"

我看得出来，他说这番话的时候显得格外轻松和自信。这个人一定能凭借他学到的演讲能力和自信力，提高自己处理各种事务的能力。

我非常高兴他能勇敢地面对"恐惧"这个让无数人头痛的大敌，并且最终战胜了它。

不用多说，"怯场"这个词本身就会让我们紧张。当你在演讲之前，发觉自己心跳加剧、颤抖、流汗、口干舌燥的时候，这表明你已经开始怯场——当然，还会有其他的症状。一位女士在女洗手间里发现一位男士在走来走去，并且不断地自言自语。女士问他："你在做什么？"男士回答："我将要在一个宴会上发言，现在还差 10 分钟。"女士又问："你总是这样紧张吗？"男士说："我并不紧张。难道你觉得我很紧张吗？"女士说："你在走来走去，并且自言自语。最关键的问题是，你现在在女洗手间里。"

上面这个故事可能有些夸张了，但是的确有人经常告诉我们：大多数人认为当着众人说话比死还可怕。但对我来说，我并不相信怯场是不治之症——至少我们能够缓解怯场带来的压力。1912 年我开始授课后，还不知道我的课程能帮助人们减轻恐惧和自卑感。随着研究的深入，我发现演讲实际上是一种自然的表现，学会它可以帮助人们减轻不安之感，从而鼓起勇气、建立自信。因此，我决定终生致力于帮助人们在当众说话上消除这种可怕的威胁。

我在前面已经讲过树立成功的信念的重要性。你要记住，你必须成功，也必定能够成功。另外，我还提到积极的心理暗示、借助别人的经验等等，这些方法对克服怯场也有很大的帮助。这里，我不打算再详细地进行解释。以下是可以采用的克服怯场的另外几个方法。

借助自己成功的经验

鲁宾逊教授在他的《思想的起源》一书中说："恐惧产生于无知和不确定。"确实，对大部分人来说，他们害怕当众说话主要是因为不习惯，因为当众说话的不确定性，所以产生了焦虑和恐惧。特别是对新手来说，要面对许多相对来说更加复杂而陌生的环境，这比学网球或开汽车明显要困难很多。因此，只有通过不断的练习，才能把这种不确定因素变为确定因素，从而使自己感到轻松自在。只要有了成功的经验，当众说话就不再是一种痛苦，而是一种快乐了。

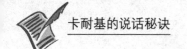

以下这个故事正好能说明这一点。杰出的演讲家、著名的心理学家艾伯特·爱德华·威格恩在他读中学时，曾被老师要求作一次5分钟的演讲。在即将演讲的那段时间里，爱德华一想到自己要当着那么多同学的面演讲，心里就十分恐惧。他详细地描述道：

"演讲的日子就要来了，我却病倒了。每次一想到那件可怕的事情，我就头昏脑涨、脸颊发热。我只好跑到学校后面，把脸贴在冰凉的墙面上，好让脸色不再发红。

"在读大学的时候，我也还是这样。有一次，我好不容易背下了一篇演讲词的开头，但是当我面对听众的时候，脑袋里突然"嗡"地响了一下，然后就一片空白了。后来，我又勉强挤出一句开场白：'亚当斯和杰弗逊已经过世……'之后就再也说不出话来了。我只好向听众鞠躬，最后心情沉重地回到我的座位上。

"这时，校长站起来说：'唉，爱德华，我们听到这则令人悲伤的消息实在是太震惊了；不过，我想我们会尽量节哀的。'接着就是满堂哄笑。当时我真的想以死来求得解脱。之后，我就病了好几天。

"当时，我在这世上最不敢期望的，就是做一个大众演讲家。"

世事难料。爱德华大学毕业一年后，丹佛市掀起了"自由造币"运动。爱德华认为"自由造币主义者"的主张是错误的，并且他们只作空洞的承诺。为此，他艰难地凑齐了到达印第安纳州的路费，并在到达该州后，就健全的币制发表了演说。他回忆说：

"刚开始的时候，我在大学演讲的那一幕又浮现在我的脑海里，挥之不去的恐惧使我窒息。我讲话还是结结巴巴，恨不得立即从讲台上逃下去。不过，最后我还是勉强完成了绪论部分。虽然这只是一次微小的成功，但却增加了不少使我继续往下说的勇气。当我结束演讲的时候，我以为我只用了15分钟的时间，其实我却竟然说了一个半小时。这让我极为惊讶。

"结果，在以后的几年时间里，我成了令全世界震惊的人。我竟然把当众演讲当成了自己的职业。"

爱德华认识到，要想克服当众说话时那种灭顶之灾般的恐惧感，最好的方法莫过于首先获得成功的经验，并以此不断地激励自己。

做好充分的准备

出于职业原因，我每年都要担任5000多次演讲的评审员。这个经历让我发现：只有在演讲之前做好充分的准备，才能真正克服恐惧、建立完全的自信。这就好比在打仗之前，只有精心准备作战的武器，才能立于不败之地。

丹尼尔·韦伯斯特说过："如果我没做好准备就出现在听众面前，就像是没有穿衣服一样。"没有哪个比喻比这更贴切了。

几年前，在一次残疾人协会的午餐会上，一位政府要员被邀请作一次演讲。这位政府要员之前并没有做好准备。他站在台上，打算进行即兴演讲，但是却不知道该说些什么。他一边胡乱开了个头，一边从口袋里掏出一叠笔记纸，打算从上面找出一点合适的东西来。然而，由于笔记纸上的内容杂乱无章，他显得更加尴尬。

他手忙脚乱地在那些笔记纸中翻来翻去，时间也一分一秒地过去。他显得越来越绝望，所以不停地向大家道歉。最后，他不得不仓促地中断他断断续续的演讲，在困窘和尴尬中走下台来。

这位政府要员就是一个最没有面子的演讲者。他由于没有提前准备自己的演讲，结果正像卢梭所讽刺的某些人写的情书那样："不知道怎么开始，更不知道怎么结束。"而你如果希望建立完全的自信心，就必须认真对待每次演讲，提前做好充分的演讲准备。

如果你做好了充分的准备，你必须确信自己演讲的题目有意义。演讲题目选好之后，再根据计划加以汇集、整理。你要让自己确信这个题目是有意义的。你必须具有坚定的态度、严格的要求，并以此激励自己、坚信自己。怎么才能让自己确信这一点？这就需要你详细、深入地研究题材，抓住其中更深层的意义。在你登台演说之前，最好先和朋友聊聊。如果他提出了一些合适的意见和建议，你有必要对自己的演讲进行修改。这样，你就可以让自己确信：演讲题目很有意义，

将有助于听众。

要给自己鼓气

除非心存某种远大的理想，并且准备为之献身，否则，任何一个演讲者都会对自己的演讲题材产生怀疑。他会问自己适不适合这个题目、听众会不会感兴趣，因此他很可能在一夜之间突然更改题目。所以，你应该学会给自己鼓气，告诉自己：这次演讲是适合我的，因为它来自我的经验，并且我为之做了充分的准备；我比任何一个讲演者都适合作这样的演讲；我能够也应当全力以赴把它说得清清楚楚。

另外，我还打算告诉你们一个事实。社会科学家以他们的研究告诉我们，说话的人和听话的人对于紧张持有不同的看法。通常情况下，即使说话的人宣称自己已经非常紧张，但是听话的人可能完全觉察不出来。这就好像一个人脸上起了一个小疙瘩，而他自己把它想象成有西瓜那么大——这可能相当于他的脑袋的大小了。所以，不论他走到哪里，他都以为人们都在注意他脸上的小疙瘩。

但是事实却是，根本没有人注意到这一点。紧张也是一样的。它只是你心理上的一个小疙瘩，和听众比起来，可能只是你感觉比较糟糕而已。

避免想那些可能使你不安的事情。比如说，你千万不要去设想你可能会犯语法错误，或中间突然中断讲不下去等等情况，因为这些消极的想法很可能使你在开始演讲之前就没有了信心。极为重要的是，演讲之前，不要把注意力放在自己身上——集中精力听别的演讲者在讲什么，把你的注意力放在他们身上，这样你就不会过度地恐惧了。

身体调试

释放你的压力，或者使它转移。你可以用这些方法：

呼吸。慢慢地吸一口气，尽量长时间地坚持住，然后慢慢地呼出去。重复这样的动作，多做几次。呼吸练习是最古老的一种释放压力的办法。生理学家说，我们可以在呼吸的时候，释放出自己身体里的二氧化碳，减少血液的酸性，而且能够增加大脑的供氧量。

伸展身体。尽量舒展你的身体大约 10 ~ 15 分钟。转动你的头部、

克服怯场

⊙找出自己的弱点和不足，有针对性地进行自我暗示。

⊙如果可能的话，找出其他演讲者的缺点和不足，比较自己的优点，进而建立你的自信心。

⊙把你的演讲词扔在一旁，告诉自己，用不着它。

⊙任何事情，只要你坚信你会成功，你就应该一直朝它前进，不要顾虑太多。最重要的是，你要拿出你的勇气全力冲过去，如果总是过分地犹豫，你就成不了大事。

用尽量大的力摆动上肢、张开你的嘴巴……这些动作能够减轻你的肌肉疲劳，而且也不需要什么特定的场地。

按摩。按摩你的太阳穴和脖子。当你怯场的时候，这是两个你最容易感到疲劳的地方。

停止你的紧张的动作。比如，不要像上面我提到的那位先生那样不停地踱步和自言自语，不要大量地喝水；不管你事实上有多紧张，都要表现出你很平静的样子；让听众感觉你充满了自信。

我非常真诚地希望，我介绍的这些方法能够有效地帮助你克服怯场。

如何发表即席讲话

几年前，布鲁克林有一位医生——我们姑且称之为科第斯先生——被邀请参加一次棒球队的聚会。在没有任何心理准备的情况下，他听见主持人说："今晚，有一位医学界的朋友在场，他就是科第斯先生。让我们欢迎他上台给我们谈谈棒球队员的健康问题。"

科第斯医生是研究卫生保健的专家，行医已30多年。照理说他应该

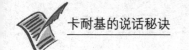

胸有成竹才对，但是由于一生中从未作过公开演讲，当看到人们鼓掌的时候，他心跳加快、惊惶失措。所有人都注视着他，他却摇了摇头，表示谢绝。没想到这个举动引来了更热烈的掌声，人们的呼声也越来越大。

科第斯医生十分清楚地知道，如果自己站起来演讲，结果只能是失败。于是他只好站起来，转过身背对着自己的朋友，默不作声地走了出去，陷入了极度难堪之中。

我不知道那些宁愿选择死也不愿发表演讲的人，在毫无准备的情况下听到"请随便讲几句"这样的话时会有什么感想。他们连那些有准备的演讲都不愿意作，在面对这种突如其来的即席讲话的时候，会不会都像科第斯先生一样？

不幸的是，在我们的这个社会里，即使是在一般的休闲场合，我们都会经常被人问及自己对某件事情的看法，随时都有被叫起来讲几句的"危险"。

"如果给我时间好好准备，"你可能会这么说，"再让我站起来讲话，并不是什么难事。但是如果临时被叫起来，我就多半会不知所措。"

不要丧气，这是大部分人都会有的问题。他们在这种时候，都像你或者科第斯先生一样，恨不得马上找个地洞钻进去。不过，你应该明白，我这么说并不是想告诉你即席讲话是人们的死穴——无论我们怎么努力，都不能成功地战胜这个弱点。

很多说话高手的确成功地做到了这一点。他们看起来好像永远都准备得非常充分，而不是仓促地站起来。是的，每个智力正常如你我的人，只要运用了正确的方法，通常就都能够十分得体地甚至是非常精彩地进行即席讲话。而接下来我将告诉你，怎么样才能做到这一点。

进行针对性的练习

许多年以前，道格拉斯·菲尔班克在《美国杂志》上发表了一篇关于益智游戏的文章。据说查理·卓别林、玛利亚·匹克福和他经常玩这个游戏。

"我们每个人分别写下一个话题，然后把写了字的字条折起来放在一起。我们当中的一个人在其中随意抽取一个，然后必须站起来讲一分钟。而且，同一个题目从不使用两次……

"非常重要的是，当我们玩过这个游戏后，我们的思维全都变得敏捷了，对于各种各样的话题也有了更多的了解。但更加有用的是，我们学会了在短时间里根据任何题目迅速运用自己的知识和思想进行思考，学会了站立思考。"

我在卡耐基口才训练班上经常使用另外一种方法。我会叫一个班的学员全体行动，让他们按照顺序，承接前一位说话者的话往下说。

比如，一个学员开始精彩地说着一个故事，当他说到关键地方的时候，我突然让他停住，然后叫另外一个学员往下说。

一开始，他们觉得非常困难。我鼓励他们无论自己说得多么糟糕，都应该把它说出来。结果，虽然他们讲得不怎么样，却并没有放弃。事实证明，这样的练习的确很有效——最后他们都不同程度地提高了自己即席讲话的能力。最重要的是，他们觉得即席讲话也不是什么让人为难的事了。

因此，注意多进行针对性的练习——方法当然不止上面提到的这两种——对你会有很大的帮助。像这类的练习多了，当需要即席讲话的时候，你也就能够应付自如了。

随时做好准备

无论是什么场合，我们随时都有被要求说两句的"危险"。如果你同意我的观点，为什么不早早地做好站起来说话的准备呢？如果你正在参加一个会议，你为什么不想一想如果你站起来，应该发表什么样的意见以及怎么发表意见呢？

我班上的学员都具备一种本领，那就是随时都做好了说话的准备。因为他们知道，他们随时都有可能被我叫起来讲话。事实上，正是这种准备使得他们的即兴说话水平变得很高。因此，我给你的建议是，随时都做好准备。

你知道，当你要发表意见的时候，前提是你得对这个问题已经有

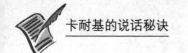

过自己的思考，并得出了自己的意见。因此，不要对你所参加的会议或宴会漠不关心，而应对与它相关的一些问题进行思考。

马上进行举证

当别人希望你说几句，而你因为各种原因并没有做好准备的时候，你最好立刻对你想要表达的观点进行举证。这种方法可以使你马上进入状态，忘掉暂时的紧张。相对来说，如果一件事情来自于自己的经验，描述起来并不困难，并且一般来说，举证需要花费一点儿时间。

立即进行举证的另外一个好处我已经在前面说过，那就是可以吸引听众的注意力。听众会对这种事例感兴趣的，而且这样也符合他们的节奏。因此，立即举证能使你和听众的关系更加和谐，而这对你很有利。

迅速找到切入点

不管你找没找到合适的例子，你必须迅速找到切入点。也就是说，告诉听众你想要说的究竟是什么。切入点应该从此时此地开始，我的意思是，要针对你的场合和说话对象。讲一些与当时的场合或者听众有关的事情，这样会激起他们的兴趣。

一个很好的例子是，赞美其他演讲人，并且从他们的话题中找到自己想要谈论的东西。我知道，你会用我前面讲过的三种思维方式去做到这一点的。

不要让别人认为你的即席讲话什么都没讲，要明白你正在进行的是即席讲话。人们并不希望你一直讲下去，因为那只是浪费他们的时间。不要像丘吉尔评价他儿子兰道尔夫的性格那样："他空有一门大炮，却没有多少弹药。"

组织你的讲话

仅仅不着边际地信口开河，把根本不相干的东西扯到一起，这样做的结果只能是失败。但是这似乎是一个很难的问题。因为如果你的很多想法和例子只是乱糟糟的一团，你就很难把它们都表达出来。如果你把你说话的布局都想好了，那么剩下的就只是用你的材料和观点把它填充起来。

怎么发表即席讲话

⊙消除自己的胆怯心理。不要对自己寄予过高的期望，听众也不会这样的。相信自己能够说好。

⊙不断地练习。练习能够使你明白即席讲话并不困难，而且能让你熟悉类似的环境。

⊙随时准备发表讲话。不要等到被别人叫起来说话的时候，才开始想你的话题。

⊙万事开头难，想办法平稳地度过开始的时间，你会慢慢地忘记紧张的。

⊙要言之有物。如果正好相反，不但听众不会喜欢你的讲话，而且你也会走向无话可说的境地。

⊙进行适当的布局。良好的布局可以使你的讲话变得更加轻松。

我介绍几种常见的布局方式：

纵向布局。按照时间的发展顺序进行排列，或者按照事情发展的因果顺序、逻辑顺序进行排列。

横向布局。谈论几个问题的时候，或者谈论一个问题而打算用几个原因进行说明的时候，可以进行横向布局。这些问题的关系是并列的。

总分布局。对你谈论的东西进行解构，在大的标题下分列若干小标题，这样能够使你清晰、透彻地说明你的意见。你也可以通过提问或提供解决问题的方案进行布局。

递进布局。把你的话题内部的各个层次采取由浅到深、从大到小的顺序排列，这是一种最常见的布局方式。

我相信，如果你能够遵照这些方法的话，即兴讲话也不是多么难的事情。你也许已经看出来了，我强调即兴讲话的准备工作。没错，如果你想要你的即席讲话出色的话，最重要的还是你的平日之功。

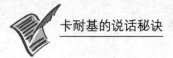

成功演讲的方法

我们已经讲过了演讲成功的重要性，所以并不打算在这里再次强调。我将直接告诉你如果想要演讲成功，需要注意哪些问题。下面就是你需要注意的问题：

充分准备演讲

选择你生活背景中有意义的、曾经教导过你的、有关人生内涵的经验，然后，把从这些经验中汲取来的思想、概念、感悟等汇集起来，进行符合你习惯的组织和安排，务必要做到胸有成竹。

记住这一点：所谓真正的准备是对你将要演讲的题目的深思熟虑。你可以把你的思想写在纸片上——寥寥数语即可。当你演讲的时候，这些片断可能有助于你的安排和组织。听起来并不难吧？当然，只要多一点专注和思考，就能达到你的目的。

为了演讲的万无一失，你可以采取一种十分有效的方法，那就是在朋友面前预讲。历史学家艾兰·尼文斯对作家说："你可以找一个对你的题材感兴趣的朋友，详尽地把你的想法说出来。这种方式，可以帮助你发现可能遗漏的见解、无法预知的争论以及找到最适合讲述这个故事的形式。"你可以把你选的用来作演讲的观念，用于和朋友或同事平常的交谈中。当然，你不需要全部搬出，他们可能没有那么多时间来听你把它讲完，你甚至不必告诉他们这就是你要讲的题目。你只需在午餐时倾过身去，说类似这样的话："你知不知道，有一天我遇到这样一件事情，告诉你吧！"你的朋友或同事可能很有兴趣听下去。在你讲的时候，你可以观察他的反应。说不定他会有有趣的主意给你，可能那是很有价值的意见或建议，你不妨听一听。即使他知道了你是在预演，那也没关系。他很有可能本来就很喜欢听你的讲话。

考虑演讲时可能遇到的问题。这些问题不仅包括与你演讲有关的，比如可能没有想到一个合适的词语，也包括会场上可能出现的各种情况，比如可能话筒的声音太小等等，还有就是如果你忘记了接下来要讲什么或者你的演讲被陌生人打断你应该怎么办。只有考虑到这些问题并且想好解决的办法，才能称得上是充分的准备。

成功的演讲构架

我曾经花费许多精力想要寻找到一个合适的演讲构架。我希望学员们能够通过演讲材料的有效安排，一蹴而就地打动听众。我们在美国的许多地方举行过会谈，邀请了我们所有的老师对这个问题踊跃发表自己的看法。最后，我们终于得出了一个"魔术公式"。

这个公式的具体步骤是这样的：第一步，把自己的观点用实例告诉听众；第二步，详细而准确地表明你的论点；第三步，告诉听众，你的演讲会给他们带来什么好处。

我们这个时代是快节奏的。听众不希望演讲者发表冗长的、闲散的演讲，而是希望演讲者能够以直率的语言一针见血地指出自己的观点，因此这个"魔术公式"特别有效。当然，我并不是说这个公式就是万能公式，因为可能还存在其他的同样有效的演讲构架，这要针对不同的演讲人、听众、演讲内容而定。总的原则是，我们的演讲构架必须使我们能够直接而有效地说明我们的观点，并且能让听众理解、接受。

随时关注你的听众

在你打算进行演讲之前，务必对你的听众有相当的了解。你必须知道他们是些什么样的人、有什么爱好、关心什么问题，否则你可能面临对牛弹琴的危险。要选择听众感兴趣的主题、容易接受的方式，想到他们可能会提出的问题的解决方法。要通过各种方式得到这方面的信息，因为无论如何，这种信息都会对你有很大的帮助。

在演讲过程中，你要随时和听众保持联系。不要忘了与听众的沟通，你可以用你的微笑、停顿或其他动作来表示你对他们的关注，或者向他们提出一些问题。随时注意你的听众的反应：他们是紧锁眉头，是激昂亢奋，还是快要睡着了？你要针对这些观察，采取相应的对策。

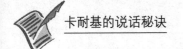

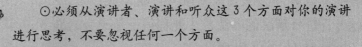

成功演讲的方法

⊙必须从演讲者、演讲和听众这3个方面对你的演讲进行思考,不要忽视任何一个方面。

⊙充分地进行准备,这是保证你演讲成功的首要因素。演讲之前,要确认自己已经准备妥当。

⊙要注意你演讲的方式、说明问题的方法,以及你的个人风格。方式恰当与否不但影响你所表达的内容,而且可能决定演讲的成败。

⊙关注你的听众。演讲是讲给他们听的,而不是自言自语。

演讲结束后,你还可以对听众的感受进行调查。他们会提出一些对你很有用的问题,这样对于完善你的演讲会有很大的帮助。

建立自己的风格

我曾经对100位著名的商业界成功人士进行过一项测试。结果发现,在促成一个人成功的因素当中,个性的因素远远比智力因素重要。

同样地,这个结论对演讲者来说也十分重要。成功的演讲者一致认为,除了充分的准备之外,个人风格是演讲成功最为重要的因素。

我们需要认识到这一点:演讲并不仅仅是讲话,还包括讲话的方式。作为听众,他并不是一台机器,他能够强烈地感觉到你的眼神、动作、空间运用、表情、个人魅力等东西,而且对这些东西的关注,甚至超过了你的讲话本身。而这些东西恰好构成了你的风格。没有人愿意听一个他不喜欢的人讲两个小时。

每个人都可以形成自己的风格,这种风格并不只是跟你的个性有关,还包括许多细微的东西。可以说,你的任何一个细节,如果能够给听众带来一种愉悦感的话,那么你就应该毫不犹豫地加以利用。

幽默、机智也是个人的风格,它能够反映你本身的修养和性格。

总之，只要是能够博得听众的好感的个性，你都应该运用，并且将这种个性清晰、具体地展现出来。

让听众融入演讲之中

我想我已经说过很多遍演讲者应该随时和听众沟通的话了。的确，我希望你们记住这一点，因为它确实非常重要。下面我将详细地告诉你们，究竟该如何和听众保持联系，从而让他们融入演讲之中。

针对听众的兴趣

我在前面提到过罗素·康维尔博士的那篇《发现自我》的著名演讲。康维尔博士就非常注意针对听众的兴趣发表他的演说。

许多人之所以不能取得演讲的成功，可能是因为没有找到合适的演讲方法，但在大多数情况下，最主要的原因是选错了主题。他们谈论的都是自己感兴趣的东西，而听众却对这些东西没有任何兴趣。

跟康维尔博士一样，曾任美国电影协会会长的艾黎克·钟斯顿先生也非常重视这一点。几乎在他的每一场讲演中，他都使用了这一技巧。比如，他在俄克拉荷马大学的毕业典礼的演讲中，一开始是这么说的：

"尊敬的各位俄克拉荷马的公民，你们想必都非常熟悉那些习惯于危言耸听的骗子。你们一定会记得，他们曾经拒绝将俄克拉荷马州列入书本，认为这是一种没有任何希望的冒险……"

这种技巧十分高明，当第一句话说出口之后，他与听众的距离立即拉近了。这让听众明白，他的演讲是专门为他们准备的。他所说的事情必然能够吸引听众的注意力，因为他迎合了听众的兴趣。

卡耐基口才训练班上有一名来自费城的名叫哈罗德·杜怀特的学员。在一次由老师和学员们参加的宴会上，他发表了一次成功的演讲。他依次谈论到在座的每一个人，回忆起当初在进卡耐基口才训练班的

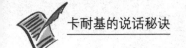

时候各位同学给他的印象，并且回忆起他们的某一次演讲的情形。他还模仿其中一些同学的动作，夸大他们的特点，结果逗得同学们都开怀大笑。像他这样的演讲是不会失败的，因为每个人对他的演讲都很感兴趣。

这种技巧其实并不难。在演讲之前，不妨先问一下自己能不能帮助听众解决问题，是不是能够达到他们的目的。你甚至可以直接告诉他们这一点。如果你是一个会计师，你可以对听众说："我将告诉你们该怎么得到一笔可观的退税。"如果你是一个律师，你可以告诉听众："我将告诉你们如何订立遗嘱。"

你要相信，在你的知识储备中必然有对听众有利的东西，而你也应该选择这样的东西作为你的话题。

赞赏听众

在你的演讲过程中，随时随地地给予听众热情的赞美能够帮助你抓住听众的情绪。不要担心，大多数人都会因为获得得体的赞美而开心的。因为由个体组成的听众，他们也和个人一样，喜欢听到赞美，而不喜欢听到批评。当然，需要注意的是，跟赞美个人一样，你的赞美需得体，而不能过于夸张和肉麻，否则就会收到相反的效果。

更加重要的是，你的赞美必须真诚。如果你对他们说"你们是我见过的最有智慧的听众"，"这里的所有听众都是美女或绅士"，这会显得你是故意这么称赞的，他们听不出一点赞美的诚意来，因此就会一点儿作用也起不到。

缩短和听众的距离

我们在这里所讲的距离主要是指"心理距离"，也就是陌生感。心理学家的研究表明，缩短这种心理距离有助于和他人的沟通。

在实际的演讲之中，最好的办法莫过于指出自己与听众的某种关系。林肯1858年在伊利诺伊州南部的一些地方的演说——我们在前面已经引用过了——就巧妙地运用了这个方法。他一开始就利用他的农村出身拉近了和当地农场主之间的距离，从而使他们消除了和自己的紧张的对立感，然后再慢慢地进行说服。

哈罗德·麦克阿兰受邀参加了印第安纳州德堡大学的毕业典礼。他在自己演讲开始的时候，对学生们说："受到各位的邀请，我深感荣幸。我相信，我之所以受到邀请，主要不是因为我是英国的首相，而是因为我跟诸位有着很深的渊源关系。我的母亲是美国人，她就出生于印第安纳州，而我的父亲则非常骄傲地成了德堡大学的第一届毕业生。我可以向各位保证，我以自己与德堡大学的这种亲密的关系为荣，并且非常高兴能够重温故乡的传统。"

哈罗德的这种自我介绍果然一下子就拉近了他和学生们之间的距离，赢得了他们的友谊。

使用听众的名字，也是缩短和听众之间的距离的一个方法。法兰克·裴斯——通用动力的总裁——曾经在自己的一次演讲中使用过几个听众的名字，结果收到了意想不到的效果。当时，他参加的是纽约"美国生活宗教公司"的年度晚宴。

"对我而言，这是一个非常愉快的夜晚。我的牧师、尊敬的罗伯·艾坡亚先生正坐在我们中间。正是他的言行和指导，使我、我的家庭甚至整个社会都受到了激励和启示。路易·施特劳斯和鲍勃·史蒂文斯也是我尊敬的人。他们对宗教极其热诚，这一点从他们对社会事业的热心可以看出来。另外……"

可以想象，当听众听到自己的名字出现在演讲中的时候，他们无疑会有一种非常亲切的感觉。因此，这也是一种非常有用的方法。但是，当我们提到这些名字的时候，首先应该确认这些名字的正确性，并且必须保证是在用一种友好的方式提到它们。

另一种方法是，在演讲中使用"你"或"你们"这样的称呼。这种方法可以使听众的注意力集中。因为当你使用这些称呼的时候，实际上说明这些事情是针对他们的，所以能够缩短你和听众之间的距离。

在大多数情况下你都可以使用"你"或"你们"这样的称呼，但是有些时候却不可以使用。这种情形包括使用的结果是让听众觉得你

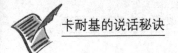

让听众融入演讲

⊙选择让听众感兴趣的主题，选择适合他们的方式去演讲。

⊙适当地赞美听众，这样能够使听众喜欢你的演讲。

⊙缩短和听众之间的距离，消除他们的陌生感和紧张感。

⊙保持与听众的互动，借此吸引他们的注意力。

⊙让自己保持谦虚的心态，以朋友的身份去赢得听众的信任。

在以一种居高临下的姿态教训他们，或者力求划清和他们之间的界限。这时候你可以使用"我们"。

与听众互动

很多演讲者觉得自己和听众之间隔着一堵墙，它阻碍了自己和听众的沟通。推翻这堵墙的最好的办法是，充分地与听众互动。

当你挑选听众协助你展示某个论点的时候，这些听众意识到自己正在参与表演，会特别注意你所说的东西，因此他们的印象会特别深刻。

虽然你挑选的只是一部分听众，但是其他听众会认为被你挑选的那些听众代表的就是他们自己，所以，对这一点你不用担心。

与听众互动的方式有很多。比如，你可以请听众回答问题，或者让听众重复你所说的话。总之，在你实际演讲的过程中，不要放过任何与听众合作的机会。

不要让听众以为你高高在上

让听众融入演讲的一个很大的障碍是，演讲者给听众一种高高在上的感觉。如果演讲者有一种高高在上的感觉——无论是智力、学识还是社会地位上的——即使他并未表现出来，听众也一看便知。因为当你在演讲的时候，你的一举一动、一言一行都暴露了你——包括你的心态。

正因为这样，如果你能够保持谦虚的心态，那么听众就会对你产生一种亲切感，这当然也会更加有利于你的演讲。

正如亨利和丹纳·李·戴乐斯在他们的书中评论孔子时说的那样："他拥有许多知识，却从不炫耀；他永远只是包容别人，以自己的同情心设法启迪别人。如果我们也能做到这一点，那么就一定能够打开听众的心扉。"我们也应该这么做。

演讲过程中的应变技巧

我曾经听过一个一开始可以说是非常成功的演讲。演讲人的开场十分吸引人，他声情并茂、幽默风趣。当演讲进行了大概 30 分钟的时候，演讲人突然站在原地一动不动，做出了一个思考的动作。我不得不说，他的思考的动作做得十分潇洒——但是它持续得太久了。接下来，听众都开始知道，他忘记了自己想要讲的内容——他手足无措，连连向听众道歉，并且头上也冒出汗来。虽然我们都希望他能够想出来，但是最后，他终于没有能够再继续往下说，而是满脸通红地走下了讲台。

明明是一次经过苦苦思索、精心准备的演说，本来极有可能取得成功，但是却遇到了这种意外的情况，这让我感到遗憾。是的，像这位先生所遇到的这样的场景经常会出现——由于演讲者没有妥善地进行处理，使它变成了一个演讲的"杀手"。我十分不希望你像他那样——或者说，不像你以前经历过的那样——而是希望你能够从容地进行处理。为此，我将告诉你一些应变技巧。

沉着冷静

美国著名的主持人哈利·范·泽西在年轻的时候，曾经犯过一个十分低级的错误。那时候，他正通过广播向全美国的听众介绍一位著名的人物："女士们、先生们，接下来为我们演讲的是美利坚合众国总

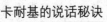

统——胡伯特·西佛，请大家欢迎。"我不知道当时的胡佛总统有什么反应。不过，这种错误并没有给这位主持人造成太大的影响。事实上，他依然被认为是我们最爱戴的主持人。

我想要说的是，即使犯了一个错误，也不会给你带来天大的灾难——天塌不下来，甚至不会有任何较大的影响。就算是最好的演说家，或者各行各业里的杰出人物，他们也都难免会犯错误。如果你犯了错误，最好不要惊慌失措。一句古话说得好："不做错事的人，是不做事的人。"因此，即使你在演讲中像哈利·范·泽西那样犯了错误，也大可不必那么慌张。告诉自己：冷静下来！慌张并不能解决任何问题，只有先冷静下来，才能采取一定的补救措施。

演讲过程中遇到的意外情况，当然不只是自己忘记了接下来要讲什么，或者说错了一个词。当外来的事情干扰了你的演讲，你也需要冷静。冷静地处理那些冒失鬼或者一些情况，这才是你必须要做的。

我接下来要讲的各种技巧，都是以演讲人的头脑冷静为前提的。

忘词时的应对技巧

在我们演讲的时候，忘词是一个经常遇到的问题。许多人为了避免自己出现这种情况，会把演讲词背得滚瓜烂熟。我相信，这是一个办法，但绝对不是好办法——或者说，是一个防止忘词的好办法，但绝不是演讲的好办法。

我在前面讲过，我们只有脱离演讲词进行演讲，才能进入自然的演讲状态。而且，即使背诵了演讲词，也不能防止你的大脑在演讲的时候会出现"短路"或者"真空"的情况。这时候，由于你只是机械地记住了演讲词，因此一旦忘记，补救是十分困难的。

忘词包括两种情况：一种是忘记一个词或一句话，另一种是忘记接下来要讲什么。这时候，不要像猴子一样急得抓自己的头皮。你必须集中精神，争取在几秒钟之内想起这个词语或接下来要讲什么。在你想的过程中，你需要用一定的动作或语言向听众证明一件事情：你并不是忘词了，而是在想一个更加合适的词语，或者是另有所图——

给听众思考的时间、故意停顿以引起听众注意之类。你可以重复一下你前面说的内容。如果你实在想不出来，第一种情况下，考虑用另一个词或另一句话代替，第二种情况下，把你能够想起的另一段先讲出来，然后再慢慢地想你所忘记的内容或者干脆自由发挥——但一定要紧扣主题。总之，不要让听众等得太久，否则他们会失去耐心的。

口误的处理

如果你发现自己说错了某个词或者表达错了某个观点，而你想改正过来，这就需要相当的技巧了。关键是，不要因为口误而影响了演讲的连贯性、完美性与和谐气氛。

直接道歉。几乎所有人都会犯错误，所以听众会原谅你的。但是由于这种方法过于直接，因而可能会影响演讲的连贯性。

继续下一话题。忘记你的口误，装作什么都没有发生，但是在你快要结束的时候，问一问听众是否注意到你犯了一个错误。这就是说告诉听众，这是你在检验他们注意力是否集中。

现场改错。一位演讲家在发生一个口误之后，马上大声地说道："朋友们，难道你们认为是这样吗？"这种方法十分有效。

意外事件的出现

演讲中的应变技巧

⊙必须沉着冷静、理智地去想解决问题的方案，这样才不至于错上加错。

⊙当忘词的时候，争取时间让自己想起来，或者换别的方案。不要让听众长久地等下去。

⊙不要为自己的错误而忐忑不安。最重要的是，告诉听众一个正确的答案，并且不要使它影响到你的演讲。

⊙应对意外事件需要足够高的技巧，原则是化不利为有利。

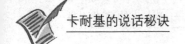

当你在演讲的时候，一位听众匆匆推门进来，手忙脚乱地寻找座位，或者当听众都在聚精会神地听你的演讲时，某人发出了奇怪的声音。这时候，听众的注意力都被这种意外事件吸引住了。意外事件指的是自己不曾预料到的、并非直接由自己导致的事件。它的处理更加需要应变能力。

我无法提供万能的答案，事实上，我在前面已经提到过一些基本的方法。应对突发事件最重要的一点是，把这种意外事件变成对自己演讲有利的事情。

一位演讲者演讲的时候，突然停电了，演讲大厅里一片漆黑。这时候演讲者的声音清晰地传到了听众的耳朵里："看样子，现在我们不得不在谈论的主题上发一些光。"这句话吸引了听众的注意力，使演讲得以继续进行。

还有我在前面提到的一个故事。有一次，一个国会议员正在发表演讲，听众们则在聚精会神地侧耳倾听。突然，其中一个听众的椅子断了，那人也跌倒在地。这种情况的出现是议员始料未及的，它非常容易分散听众的注意力，从而直接影响到演讲的效果。议员急中生智，提高音量对听众说："各位现在应该相信，我刚才所说的理由足以压倒一切了吧?"这句话十分精彩，立即赢得了听众热烈的掌声。

如何处理提问

爱因斯坦在美国的许多著名大学作过很多次演讲。他的司机有一天对他说："教授，你的演讲我已经听过很多遍了。我想我都能够作这个演讲了。"爱因斯坦说："那好，今天晚上就由你来替我演讲。"

于是，在演讲的时候，那位司机被介绍是爱因斯坦。意外的是，这位司机讲得没有任何差错，并且连动作和神态都很像爱因斯坦。但是在演讲过程中，一位学者向司机提了一个问题，这位司机没有办法回答出来，于是他急中生智地说："你这个问题简直太简单了，我想，就由我的司机来回答你好了。"

这虽然是一个不大可信的故事，但是却说明了一个道理，那就是在演讲的过程中，回答提问往往是让演讲者最头疼的问题。的确，事实正如我所了解的大多数情况那样，即使是出色的演讲者，在被提问的时候都会感到紧张。

因此，如何处理提问是一件很重要的事情。一个比较夸张的说法是，如果你无法回答提问，你甚至可能被怀疑用别人的演讲稿发表了一次精彩的演讲——你会被怀疑是冒牌货。

当然，更加常见的情景是，演讲者常常在演讲的过程中败下阵来——因为他们没有很好地处理提问而影响了整个演讲。

不幸的是，我们没有办法逃避提问的考验，而且我们也不像那位司机一样有像爱因斯坦一样的"司机"来替我们回答问题。因此，我们只能勇敢地面对，而我将就这个问题给你一些建议。

不要对提问产生恐惧

千万不要对提问产生恐惧。我们在前面已经探讨过恐惧的根源，那就是对未来的不确定。如果你允许提问者提问，那么同时你也是在接受一种危险的考验，因为提问者会问出各种各样的问题来。这些问题有的你曾经考虑过，但是也必然有一些你没有考虑过。一句话：你害怕，是因为你已经丧失了主动权。

接受提问是为了解决听众的疑问，使演讲有更好的效果。它是演讲的一部分，或者是演讲本身的延伸——这一点也许并不吸引你。更加有诱惑力的是，当你冒风险的时候，同时也会有很多收获。说话是一种冒险，你应该还记得我说过的这句话。如果你能够精彩地回答听众的提问，那么它一定会为你的演讲增添不少的光彩。即使你的演讲本身不是特别出色，你也可以通过精彩的对提问的回答来加以弥补。

实际上，如果你对自己演讲的内容足够熟悉的话，那么就基本上

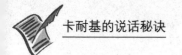

不会存在什么问题。至于丧失的主动权，在一定程度上仍然能够由自己掌握。这一点我将在下面谈到。

做好充分的准备

众所周知，如果能够预先知道问题，是最好不过的了。因此，我们必须先预测提问者可能会产生哪些疑问。运用你的知识，充分地考虑演讲和听众，看看听众可能会提出什么问题，然后就这些问题进行深入的思考。你甚至可以找一位思辨能力较强的朋友来对你的演讲提出疑问。我们虽然不能做到万无一失，但是至少应该尽可能把准备工作做好。

做好最坏的打算。要想到听众可能会提到某一个你不曾考虑的或者刁钻的问题，也要考虑将如何对这些问题进行处理。考虑对这些问题是进行转移还是说："对不起，这个问题我还没有认真考虑过。回去我会认真考虑的。"当然，还是尽量使这种情况少出现为妙。

有效地控制提问

演讲一开始，你就应该使自己处在话语的主导地位。必须承认，在听众提问的时候，他们事实上已经掌握了话语的主动权——即使是暂时的。但是，这并不意味着对此你无能为力，你必须尽你最大的努力去约束提问者和控制他们的提问。

一般而言，经过充分准备和深入思考的演讲者，能够就合理的提问给出正确的答案。不幸的是，那些提问者可能会问不合理的问题。所以，你开始应该说："现在，我将回答你们的一切合理的问题。"必须强调"合理"这个关键词。你没有必要也不可能回答那些与你的主题没有关系的问题。如果你对那些刁钻古怪的问题——即使你知道答案——都进行了回答，这说明你已经丧失了主导权。

在你演讲一开始的时候就告诉听众，你准备将问答环节放在什么时候。不要给听众过多的提问时间或随时发问的机会，这对你会很不利。

不要给一个或者一小部分人过长的时间，这样其他想提问的听众就会失去机会，你应该尽可能地照顾到你的所有听众。

不要让提问者发表长篇的演讲，当听众准备长篇累牍地引用或者陈述自己的疑问的时候，要想办法打断他们，对他们说"那么，你的问题是……"

处理问题

我在前面已经就在一般情况下如何对问题做出回答详细地进行了说明，这些方法在演讲中回答问题时当然可以继续用到。

在这里，我只就演讲中回答提问的几个要点谈一谈。

仔细倾听提问者的提问，并且尽可能发掘他们的真实意图。有的提问者并不能够——不是他们不想——把自己的疑问明白无误地表达出来，这可能正是他们会产生疑问的原因之所在。你可以这么想："他其实是想问……"

向提问者复述他的问题，以确定你并没有理解错。对于那些含糊不清的提问，要求提问者解释清楚；而对那些错误的问题，要礼貌地指出来。

利用时间构思你的答案。如果这个问题是你事先已经想到的，也不要急于回答，这样才能显出你确实在认真思考提问者的问题。对回答进行构思应该注意以下 3 个问题：

让答案尽可能简单。不要让自己发表第二次演讲，点到为止，不要再进行毫无节制的发挥。

不要回避问题。如果你想给人诚恳的感觉的话，不要表面上好像在回答，实际上却在回避问题。当然，那些质问者的问题除外，因为听众知道他们对你极不礼貌。

在答案中提及你说过的内容。你所谓的"合理"应该指的是与主题有关。在回答问题的时候，尽量提到你的演讲的内容，这样可以加深听众的印象。

注意态度

在你倾听对方提问或者回答问题的时候，必须注意你的举止。尽量保持真诚的态度，不要显得心不在焉。鼓励那些紧张的提问者，夸奖那些提出很好的问题的提问者。即使听众提出了一个很简单或很愚

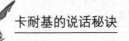

如何处理提问

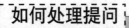

⊙做好充分的思想准备，预测你可能会遇到的问题。

⊙有效地控制提问者和提问，不要丧失演讲的主导权。

⊙保持诚恳、谦虚的态度，对提问者的问题严肃认真地进行处理。

⊙冷静、恰当地处理问题，使自己的回答符合演讲的气氛。

蠢的问题，也不要表露出来。在回答问题的过程中，尽量给人一种严肃认真、谦虚谨慎的印象。

面对质问者

许多演讲者的噩梦并不是像前面所述的那些情况，而是被质问者打断。这些质问者并不像那些提问者，提问者是为了自己能够得到更加清楚的答案，而质问者只是为了使演讲者难堪。这个时候你应该抓住机会更好地表现自己，正是这些质问者提供给了你这样的机会——你在反驳他们的同时，有可能使听众对你的演说印象更加深刻。关键在于，你必须用反驳维护自己的意见，而不是让它对你的演讲产生不利的影响。

第六章

关系成败的

谈判语言

　　处在这样一个复杂的社会之中，谈判对我们而言就像家常便饭一样。人人都需要谈判，而不仅是那些商务代表或者外交官。我们希望涨薪水，希望用最低的价格买到一套房子，这些时候都需要通过谈判或者说沟通来解决。

　　那些能言善辩的谈判专家为许多人所羡慕，他们总是能够使别人相信他们所说的话，然后达到自己的目的。不过，他们并非一开始就在这一行做得那么出色，而是多半由于自己后天的努力。你也完全可以像他们那样——只要你愿意。但是在此之前，你需要掌握一些技巧和像他们一样付出努力——可能是十分艰苦的。

　　现在，人们都希望能够实现双赢。在不损害对方利益的前提下，使自己的利益最大化，这就是双赢。关于双赢，最准确的含义来源于这样一个古老的传说：兄妹俩站在一张大饼面前商量该如何分配，他们都希望自己能够获得更大的一部分。当哥哥拿到

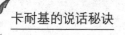

分配大饼的刀子的时候，他正想使自己得到的那一份更大一些，却被他的父亲喝止了。"不管怎样，"父亲对他说，"我希望那个切饼的人让另一个人优先选择。"结果，哥哥自然而然地将那块饼分成了大小相同的两份。

我们这一章要讨论的，正是如何使谈判实现双赢。

谈判要讲究策略

对于一个谈判者而言，他考虑的是在对方同意的情况下，得到自己想要的东西，这使谈判技巧的运用显得极为重要。我们先看一个谈判失败的例子，也许这更加能够说明问题。

劳资之间的矛盾一直在社会中存在着。一次，一家钢铁公司的劳资双方由于第一轮谈判的失败，使情况变得十分糟糕。当时，正像在通常情况下一样，其中的一方说："我们需要更多。"这当然就意味着对方要给予得更多。这样一来，双方都不会轻易同意谈判条件。工人们最后实行了罢工。而实际上，即使工会取得了胜利，他们所得的补偿也将远远低于自己罢工期间所损失的工资。而对公司来说，他们因为罢工也遭受了很大的损失。对双方而言，他们都是受损的。

在大多数情况下，一次失败的谈判会使双方都遭受损失，而如果运用一定的谈判策略，就能达到一种双赢的效果。

比如，在劳资之间的谈判中，工厂方面答应给对方提高薪水、改善工作环境，而工人们则答应做出更好、更优的产品，提高生产效率，这样就为对方都带来了利益。

一位职员走进老板的办公室，对老板说："在这样的工作环境中工作，我要求加薪水。"老板多半会对这个要求表示厌烦，从而拒绝这个要求。但是如果他对老板说："我希望能够改善工作环境，这样我可能会有更高的工作效率。"老板则会选择为他加薪水。

谈判策略对谈判的成功的确具有很重要的作用。在谈判过程中，应该运用以下的谈判策略。

就事论事

跟你谈判的人，绝不会是你的敌人——如果是的话，你们已经没有谈判的必要了。把对方和你们所谈论的问题分开，否则你将没有办法理智、客观地看待这个问题。不管事实如何，都要想象你的对手是一个理智、有礼貌和讲道理的人，你们正在就共同的利益达成一致的意见，而不是在相互争夺利益。你们正在商量，而不是在争论。

把注意力放到事情上，而不是你个人的感觉和情绪上。不要想当然地认为事情如何，你应该看到实际情况，因为那些主观性的东西往往会影响甚至决定一个人对某件事情的看法。

你们正在处理分歧，因此你需要保持开放的头脑，而不要被成见和思维定式所束缚。就这件事情本身，用正确的方法去思考，而不能你以前怎么样判断或解决这件事情，现在还要那样做。每一件事情都会有它的特殊性——虽然也有不少的共同点，关键在于，你不知道决定这件事情性质的究竟是哪种特点。

因此，你最好实事求是地从讨论的事情本身去思考解决的办法。

告诉对方自己很了解他

在谈判的过程中，许多人担心自己的观点没有很好地被对方所了解。如果你能够让对方知道你对他的观点已经十分了解，甚至告诉对方你知道他观点背后的一些想法，那么效果一定会很好。

要做到这一点，首先需要从对方的立场去思考问题。移情是常用的一种思考方法，它可以帮助你了解对方。试着把自己想象成对方，想象他处在这样的情境之中会有什么想法和感觉、想要得到什么，以及会想什么办法来得到这些东西。但是，千万不要以自己的心理来随意猜度别人。

积极地倾听对方的意见，这一点至关重要。他的语言代表了他部分重要的思维，而他所表达的信息是你了解他的思维的重要渠道。即

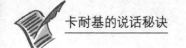

使他没有把自己的真实想法表达出来，你也可以从语言中找出一些蛛丝马迹。倾听对方的意见当然是了解对方的最直接的手段。

最后，你需要用真诚的态度表示自己很了解他，并且很理解他。如果有必要的话，你可以适当地复述一下他的观点或陈述他的需求。

坦白自己的需求

在谈判的过程中，坦白自己的想法是一个争取别人信任和同意的好办法。每个人都希望别人能够把心里话表达出来，并且坦率地和自己分享他的想法、感受和需要。任何人都喜欢跟真诚、坦率的人打交道，而且这也并不是什么见不得人的事情。

比如，当你在面试的时候，你对主考官说："我没有什么经验，但是这对工作没有很大的影响。我认为对一个人来说，最需要的是能力和奉献精神，而这两点我并不缺少。我需要一个证明的机会。"当你毫无保留地把自己的想法表达出来的时候，谈判可能会让你收到意外的好效果。

挑明对方将得到的利益

直接挑明你们的共同利益和对方的利益，这一点胜过千言万语。冲突和矛盾当然意味着一些立场的对立，但是更多的却是共同利益的

谈判中的若干策略

⊙了解你的对手。你的对手并不是你的敌人，而是寻找共同解决办法的朋友。你只有了解这个朋友的想法、立场和需求，才能采取相应的对策。

⊙把你们的利益摆到谈判桌上，把它们当作公开的东西，并且开诚布公地进行讨论。把你的需求也展现出来。

⊙就事论事，不要把自己的主观想法和情绪带到谈判桌上来，这会影响你的判断力。

⊙如果你没有弄清楚对方的想法和需求，不要急着给出选项。选项会使你的意见带有导向性。

存在，而这正是人们进行谈判的原因。有时候对方坚持某项要求，并不是因为这项要求很重要，而是因为这种坚持的象征意义很重要。因此，你需要了解哪些是对方真正感兴趣和觉得很重要的利益。在你了解了对方的需求之后，最好反复强调能够满足他需求的那些利益。

运用迂回策略

如果你在谈判的时候遇到了很大的困难，不要灰心丧气，你可以运用我前面说过的那种迂回的方法，来达到你的目的。英国人哈利说："在战略上，迂回的包抄常常是达到目的的最佳途径。"这句话恰好说明了迂回的重要性。有时候，直接的方法可能会使你失去方向，而间接的方法却能够达到你的目的。

的确，如果你只想用直接的方法去达到你的目的，有时候会十分困难。当大路走不通的时候，为什么不走小路试试看呢？

列出合适的选项

列出选项意味着谈判进行到了最后，将要进行决策了。对一次谈判而言，这是最关键的时刻。这时候，你已经对谈判的方向非常了解，并且通过深思熟虑已经得出了一些解决的办法。这些选项应该是符合双方的共同利益的——如果仅仅是从你的立场出发，那么它们不会给你带来任何好处。

在列出选项的时候，应该抛弃那种蛋糕只有一种最佳分法的想法，而应该考虑各种方法；甚至你不应该限定蛋糕的大小，而应该想办法使蛋糕变得更大。另外，你也不应该认为只有自己才能取得最大的那份蛋糕，因为这可能使你失去更多。总之，你应该考虑得更加长远和全面一些。

谈判前要做好细节准备

谈判总是会让参加者感到很紧张，这可能是因为谈判的结果直接

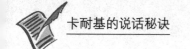

跟自己的目标，或者更加直接地说，跟自己的利益有很大的关系——那些为自己的公司或者国家谈判的人也同样如此。谈判的成功与否跟谈判者的表现有很大的关系，因此谈判总是充满着悬念。正是这种悬念给了那些出色的谈判者展现自己才能和智慧的机会。

谈判一般分为几个阶段：准备阶段、商谈阶段、建议阶段和决策阶段。这几个阶段毋庸置疑都是十分重要的。但是，在正式谈判之前的准备阶段既是影响到后面几个阶段的重要阶段，也是谈判者完全能够把握的阶段。虽然不能说谈判前的几天甚至几个月的准备工作可以完全决定谈判能否成功，但是有一点是可以确定的：一般而言，不经准备就开始谈判是很难获得有利于自己的谈判结果的——这一点在下面关于谈判前的细节准备的一些说明中也可以得到证明。

对于谈判前的准备有两种理解方式。我更加偏向于这样一种理解，即将谈判前的所有时间都算入准备阶段。在这样一个准备阶段中，我们需要从以下一些方面去考虑其细节。

提高谈判者的能力

正如我在前面所说的那样，谈判的成功与否在很大程度上取决于谈判者的能力和素质。谈判作为一种说话艺术和说服艺术，对谈判者的表达能力、判断能力、应变能力以及学识等有很高的要求。谈判是一种即时性与尖锐性相结合的说话，能够较好地处理谈判的只有那些有很高素质和能力的谈判者。

谈判者的表达能力当然十分重要。一般而言，谈判双方必须在相对较短的时间内达成一致；并且，如果谈判人数过多的话，那么每个人发表意见的时间一定不是很多，这就更需要谈判者在有限的时间内把自己的观点简洁有力地表达出来。

为了实现谈判目标，谈判者所发表的任何言论都应该有利于自己的目标的达成。另外，谈判需要说服对手以及打动对方，所以要求言辞具有强大的感染力。这些都需要谈判者具有十分高明的说话艺术。

谈判者的判断能力十分重要。结合你得到的关于对手的信息，判断出哪些是有用的和重要的，哪些是没有参考价值的和次要的，并从这些信息中判断出对手的实力、要求和可能运用的谈判方法等，这些都需要你具有较高的判断能力。在谈判的过程中,需要通过对手的表现、言语对谈判局势进行整体的判断，进而采取有针对性的应对办法。要根据自己的目标和对方的目标以及双方的共同利益，提供最适当的备选方案，达成最终的谈判协议。这些都跟谈判者的判断力息息相关。

应变能力对谈判者来说也很重要。应变能力是建立在谈判者的判断能力基础上的另一种能力，它使谈判者能够基于自己的判断得出一定的应变办法。在谈判的不同阶段，谈判者需要采取不同的应变措施，使谈判朝自己的目标发展。针对对方不同的反应，适时调整应变措施，甚至适时调整自己的谈判"底线"。这些都需要谈判者具有相当强的应变能力。

除了以上这些能力之外，学识、经验等对谈判者来说也都很重要。遗憾的是，一些谈判者以为只要在谈判之前的几天甚至是几个小时之内做好准备，就能够取得谈判的成功。这种想法太天真了。从某个角度来说，即使在谈判之前没有做好准备，那些综合能力较强的谈判者也能游刃有余地和对手进行谈判，因为这种能力更加基础，也更加重要。

因此，谈判者应该努力提高自己的各种能力。也许对你来说这不是一个好的建议，因为谈判马上就要开始了，现在做这种准备已经太迟了。那么你只能在现有能力的基础上，尽可能出色地发挥，但是我并不能保证你一定成功。当然，如果你打算选择一位谈判者去和别人谈判，拥有这些能力的人选是最合适的。

尽可能了解对方更多情况

在谈判之前，通过详细的调查尽可能多地了解对手，对谈判者来说也很重要。既了解自己,也了解别人,这一点可以帮助你使谈判走向成功。

了解对方的情况有助于你做好充分的思想准备，提前研究对策，进而使你在将要进行的谈判中掌握主动权。如果是商业谈判的话，你要了解的信息包括对方公司的业绩、经营状况、资金等，还包括对方谈判者的一些基本信息，如相关经历、性格特征。你可以通过你了解的信息判断出对方可能采取的对策以及可能设置的底线。当然，这些东西都需要在接下来的谈判中加以修正或补充。

一些谈判者认为没有必要这么麻烦。他们相信，对对手一无所知的不足，可以通过试探和了解对方来弥补。这么做的缺点显而易见，不仅表现在时间有限、机会有限，更加重要的是，你的试探可能会给你带来不利的影响。如果你能够在谈判开始之前就了解对方，显然是更加适当的。当然，在谈判的过程中你也的确需要去更深一步地了解对方。

确立自己的目标

实际上，对一个谈判而言，你要做的就是两件事情：确立自己的目标和达成自己已经确立的目标。确立目标是一件十分复杂的事情，因为你要考虑的东西太多，并且目标不一定是确定不变的。

最好的方法是，设定你的底线。实际达成的结果只会在你的底线和对方的底线之间浮动，因此应该把你的目标确定在这两个底线之间。剩下的事情就是不断地使你的目标朝对方的底线方向移动。

为了更加有效地在谈判中达成你的目标，你需要分解你的目标。在多数的谈判之中，整体目标并不是一次就得以实现，而是通过一个

做好谈判前的准备

⊙谈判前的准备包括两个方面，即谈判者基本素质的准备和与谈判有关的准备。这两者都很重要。对一个谈判而言，缺少其中任何一种准备都是不可能成功的。

⊙谈判者基本素质的准备是一项更加基本的准备工作。它不是一朝一夕的，而是时间较为长久的准备。

⊙知己知彼，百战不殆。你需要了解更多的关于对方的信息，这些信息能够帮你做出一些基本判断。

⊙确定自己的目标，这会使你的目的性更强；分解你的目标，这会使你更加容易实现整体目标。

个分解的目标来实现的。这些分解的目标会更有可操作性。

调整谈判心态

不论对方是多大的公司或者地位多高的人，还是与他们的合作对你来说多么重要，都不要有不利于谈判的态度和心态。对方能够坐到谈判桌前和你进行谈判，绝对是因为你们有着共同的利益，而且你能够给他一定的好处。这就表明，实际上，你们的地位是平等的，你们正在商量解决问题的方法。因此，你大可不必战战兢兢，让对方感到你在求他。

而如果情况正好相反——你认为自己的地位高过对方或者公司的规模大过对方，他们正有求于你，这对你也是不利的。对方可能会因为你的态度傲慢而拒绝跟你友好地协商，而一旦如此，受到损失的一定也包括你。这个道理跟上面是一样的。

不卑不亢的心态才是谈判者应该有的。这种心态能够使你最大限度地促成谈判的成功，达到自己的目标。

谈判中的礼貌用语和禁忌

在我们的脑海中，谈判的场面一般都是这样的：双方都非常严肃地注视着对手，生怕错过对方的任何一个细节；然后，他们为了某一个问题高声争吵起来，甚至到了剑拔弩张的地步；最后，某一方得意扬扬地以胜利者的姿态走向门外，而另一方则垂头丧气，像泄了气的皮球那样。

现在我们已经知道，谈判并不一定非得如此不可，因为我们都希望能够达到一种双赢的结果。即使我们希望自己能够获得最大的利益，也知道需要经过对方的同意，因此都会以一种温文尔雅的方式去取得。

基于这一点，跟以前有所不同的是，现在的大多数谈判都展现出一种融洽友好的气氛，最后也达到了双方都满意的效果。很容易看到，

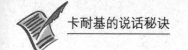

融洽友好的气氛是有助于实现双赢的。

那些谈判高手都会展现出一种大度礼貌的形象，以营造一种融洽友好的气氛，即使他们和谈判对手的利益和立场的对立已经相当严重。事实上，他们的努力收到了应有的效果。

因为正如我们说过的那样，礼貌的确能够使交谈双方心情变得更好，更加容易接受别人的意见和建议，也更加愿意满足别人的一些要求。谈判高手的这些方法值得我们借鉴。

在谈判的过程中，适当地运用一些礼貌用语，就会起到汽车润滑油那样的作用。如果你和你的谈判对手因为某个问题而产生了矛盾，无法达成一致的意见，你不妨说："不好意思，可能是我错了。让我们再分析一下。"对方一定会把自己因反对你而建立起来的心理屏障拿掉，然后跟你一起进行分析。这就是礼貌的作用。

让众多谈判者感到为难的是，他们虽然想表现得有礼貌，但是却也不愿意丧失自己的原则。表面上看起来，这两者似乎是矛盾的，但是实际情况却并非如此。

对一个谈判者来说，既有礼貌又不丧失原则的方法是，充分地利用自己的语言技巧。正像一个说话高手说话一样，礼貌只是表达自己看法的手段，而绝不是目的。有经验的谈判者，往往会借助高超的技巧，委婉、含蓄、间接地发表自己的意见。如果说他们的意见有可能伤害到对方的话，他们不是不把它表达出来，而是会选择另外一种让对方可以接受的方式，同时丝毫不会影响到自己想要表达的意思。在这里，主要介绍3种在谈判中经常用到的礼貌用语：

谦虚。谦虚能够促成谈判的成功。在没有听清楚或弄明白对方的谈话内容、有关专业词汇时，有的谈判者以为说出来会影响自己的形象，因此避免说出来。其实，适当地表示自己有不明白的地方能够使自己得到对方的好感，也更加容易得到对方的帮助。那些趾高气扬，号称自己无所不知、无所不能的人，才容易引起对方的反感，因而也会勾起对方挑战的欲望。因此，适当地说"我不太清楚"、"这个词是什么意思"这样的话，对谈判是会有促进作用的。

称赞。适时地对对方表示欣赏，有利于谈判的成功。每个人都希望受到别人的尊重，喜欢被人称赞，这是人的天性。当他说了一句精彩的话或者做出了某个决定的时候，你应该称赞对方做得非常出色，这样能够为你赢得他人的好感，从而使谈判对你更加有利。

感谢。当对方称赞你或者表示同意你的某个意见的时候，你应该对他表示感谢。"谢谢"是被运用得最广泛的一个词，在谈判桌上它仍然有效。任何人都希望自己被人重视，希望自己能够对别人有所帮助，因为这能够体现自己的价值。

同样，在营造平和、融洽的气氛的时候，应该注意避免犯那些不该犯的错误，即谈判时的一些禁忌。这些禁忌会使气氛变得不和谐甚至使双方对立：

弄虚作假

如果把谈判想象成一场你死我活的斗争的话，那么这种现象将是无法避免的。关键是谈判并不是你所想象的那样，而是可以双赢的。这种方法掩盖缺点、夸大优点，不顾事实地胡编乱造，因而一旦被对方发现，就会使其失去对你的信任。

卑躬屈膝

有些谈判者在谈判时企图以一种请求的态度达到自己的目的。他们扮演了可怜者的角色，希望得到对方的同情。遗憾的是，对方并不会如他们所愿。最后他们通常会发现，自己本来应该得到的都没有得到，更不用提那些无谓的奢望了。他们把自己的位置摆得很低，因此对方就会把他们摆得更低。

目中无人

与上一种禁忌相反的是，许多谈判者认为自己在身份、地位或实力上高人一等，因此在谈判中往往盛气凌人。他们认为对方是在请求自己给予好处。但这样做最后的结果往往是，谈判无法达成一致。对方可能的确因此受到了一些损失，但是自己受到的损失往往会更大。

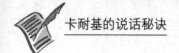

以自我为中心

谈判最忌讳以自我为中心，完全不考虑其他人的感受和需要。这些谈判者在整个谈判过程中一直在说"我想……"、"我认为……"、"我需要……"等句子。他们希望对方满足自己的需要是没有错的，但是忽视了对方的想法和需要却是错误的。要知道，这可是一场将满足双方需要的谈判，而不是某一方的演讲。

咄咄逼人

许多谈判者喜欢在各方面压倒对方。一旦对方提出某一个观点或建议，他们马上就劈头盖脸地发表演讲，似乎想封住对方的嘴巴。当然，他们的原意并非如此，而只是急于表达自己的看法，让对方接受自己的建议。但是，这种做法是愚蠢的。正如我们前面说过的那样，没有人喜欢接受这样的批评或建议。

信息不确定

有一些谈判者由于接收的东西过多或者由于信息传播的途径问题，得到的消息往往是不确定的，甚至是自相矛盾的。然而，他们却用这种不确定的信息作为自己观点的论据。殊不知，当他的论据遭到怀疑的时候，他的观点也必然遭到怀疑，从而失去说服力。这种不确定的信息是不值得信赖的。

营造一个良好的氛围

⊙营造良好的氛围对谈判来说是很重要的。当谈判者处在一种平和、融洽的氛围中的时候，他会更加容易接受对方的意见和建议。

⊙用礼貌来营造良好的氛围。这包括礼貌的态度和语言。

⊙有碍良好氛围的禁忌。导致这些禁忌产生的原因是不尊重对方和没有正确地认识谈判。

必要的时候可以妥协退让

电器设备供应商泰茨公司生产的电机产品在国际上都处于先进水平，而且型号齐全、服务完善。当公司打算进军波士顿的时候，那里的市场已经被另一家电机生产公司——肯德公司占领了。泰茨公司一直在努力争取，却没有能够占领一席之地。后来，他们了解到伍德公司正打算引进电机设备，于是就派了业务员和对方进行谈判。为了能够打破肯德公司的垄断地位，泰茨公司在价格上做出了很大的让步，最终和对方达成了协议。这种让步虽然让他们开始进入波士顿市场，但是在波士顿的产品价格却比在其他地方的价格低了很多，而且提价也变得十分困难。

这个案例给了谈判者一个印象，那就是在谈判中不能让步，否则对自己会很不利。他们认为，泰茨公司完全可以依靠自己性能先进的产品和完善的服务跟肯德公司竞争，最后也一定会取得胜利。

的确，在谈判中，泰茨公司在价格方面的大幅让步，使得他们以后的经营陷入了不利的局面。但是，他们公司的做法的错误，不在于在谈判中做出了让步，而应该在于他们在价钱方面做出了让步。因此，不能因为这个案例否认让步在谈判中所起的作用。我们完全可以想象，如果泰茨公司咬紧牙关一点儿都不让步，他们肯定就无法进入波士顿市场。

实际上，在谈判的过程中，谈判的双方不可能都没有让步，否则就无法达成一致。既然是谈判，那么就必然存在可以沟通的空间。正如我们前面所说的那样，谈判者只是在尽量争取使达成的协议朝着对方的底线运动，而并非一成不变地进行交谈。可以说，正是让步使谈判变得有意义。

必须强调的是，谈判者的让步也不是没有目的、毫无意义、无原则的妥协退让。有的谈判者在谈判的过程中，不打算做出让步；与此相反的是，有的谈判者为了达到某个目标，进行了毫无原则的妥协退让。

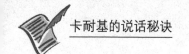

两种做法导致了不同的结果，但是对谈判者来说却都不是好事。前一种做法使谈判者失去了和对方达成协议的机会；后一种做法尽管更加可能和对方达成协议，但是这种协议对己方来说是不利的。

在谈判的过程中，有些时候应该坚持自己的观点，有些时候则应该做出一定的让步。把握好这个分寸是十分困难的。因此，我们在谈判中必须讲究一定的策略，即在必要的时候让步。谈判者在谈判中让步，一般都是希望对方也同样能够做出让步。这样做有两种作用：一是用自己的让步来满足对方的需求，对方才会满足自己的需求；二是表达自己的诚意，表示自己希望协议达成。

在谈判的过程中，应该把让步当成是谈判整体策略的一部分，当成是为了达到自己的最终目标做出的一点儿牺牲。因此，应该有计划、有步骤地进行让步。在谈判开始之前的准备过程中，谈判者应该对自己可以做出的让步和对方可以做出的让步有清醒的认识，而不应该毫无头绪。正如我前面所说过的那样，要考虑对方的底线和自己的底线，因为这两条底线是让步的最终参考对象。

是否让步、如何让步，这是关于让步的两个基本因素。下面我简单地介绍一些在让步时必须掌握的原则：

最好不要首先让步

在谈判的初始阶段，不要因为急于达成协议而匆忙让步。在大多数情况下，首先让步的人会处于被动的局面，因为这似乎说明他更加希望达成协议，这个谈判对他来说更加重要。在这种情况下，对方一定会更进一步提出自己的要求，在谈判的心理上也会占有优势。

因此，尽量不要首先对对方让步。你必须保持对自己产品或服务的信心，让对方感到自己的实力。当然，在适当的时候，你应该通过让步来表示自己的谈判诚意。但是，你必须让对方明白，自己是不得已才做出让步的——只有这种让步才是积极的让步。

只能在次要问题上让步

因为让步是无关于原则问题的，是为了达到自己的整体目标的，是谈判整体策略的一部分，所以，可以在一些次要的问题上进行让步。这样的让步不会使你做出太大的牺牲，而只会赢得最后的胜利。

与此相对应的是，不能做出原则性的让步。这种让步会使你失去自己的目标，最后无法达成有利于自己的协议。这就好像你跟对手谈了一个小时，结果达成的协议却对自己完全没有好处。这种无原则的让步当然是不可取的。

在损失很小的时候让步

如果那些在次要问题上的让步会导致你损失很大，那你也一定不要让步。在特定的情况下，次要问题的让步可能会带来比原则性问题的让步更加严重的后果。不能简单地用主要还是次要的标准来分析。在很多情况下，次要问题也可能会给你带来无法承受的损失。

每次让步小一点

如果你让步过大，对方可能会错误地估计你的底线，因此你会更加难以取得效果。比如，作为卖方，你如果作了较大幅度的降价，这必然会让对方怀疑你的产品并没有想象中的那么好，而如果你每次都只是采取很小的让步，对方会认为他差不多已经使你达到了底线。因此，你们更加可能较快地达成协议。

估计自己让步的价值

自己每做出一定的让步，就要判断自己的让步在对方心目中的价值。在此之前，你已经掌握了对方的一些信息，了解到了对方的策略和底线等一些重要的问题，因此，你可以准确地预测到自己的让步所产生的影响。有时候，对你来说是很小的让步，而对方却很在意，这种让步是理所当然应该选择的，而那些连对方看来都并不重要的让步，你也就没有必要让步。

拒绝对方让步的要求

当对方提出让步的要求时，你应该对要求进行仔细地考虑，务必做到慎重地作决定。有时候对方所提的要求对你而言并不是什么大问

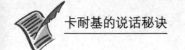

谈判中的让步

⊙让步只是你谈判整体策略的一部分,你应该有计划、有效地让步,应该使你的让步发挥重要作用,而不是作无谓的牺牲。

⊙让步并不是一味地妥协退让,它只是在适当的时候采取的一种策略,因此你必须不使它违反你的原则。

⊙要使让步成为你表明谈判诚意的标志,而不是表明自己实力的不足。在很多情况下,那些不适当的让步反而会带来更多的被迫让步。

⊙不要让你的对手得寸进尺,在他们得到好处的时候,提醒他们也应该让你得到好处。

题,但是有时候却与你的原则相冲突。在后一种情况下,你应该拒绝对方的要求。

不要因为你需要达成协议就轻易答应对方的要求,因为对方也有同样的需求,否则你们就不会坐到一起来谈判了。

把握谈判中的陈述技巧

陈述技巧是谈判中的重要技巧之一。陈述是谈判者向对方介绍自己的情况,阐明自己的某一个观点或看法的基本途径,是让对方了解自己的想法、方案和需要的重要手段。

陈述技巧对谈判者来说至关重要。关于这一点我不打算进行详细论证,而只会在下面直接介绍一些技巧。

像所有的陈述话语一样,谈判中的陈述跟一般的陈述有很多相同的地方，也有比较特殊的地方。其特殊性在于，谈判要求能够更加快速而准确地说明一个问题，而且谈判的针对性更强，它要求谈判双方能够直接解决某个问题——众所周知，谈判可能是人们在更加迫切地需要解决问题的时候采取的一个方法。正因为如此，谈判者需要具有更高的陈述技巧。它要求谈判者不仅能够清晰明确、言简意赅地把自己的想法表达出来，而且能够吸引对方的兴趣、满足对方的需求，并且具有相当的说服力。

我们很难想象一个没有掌握好陈述技巧的谈判者能够在谈判中取得成功。一般而言，谈判会有两种结局：一种是谈判达成了对他不利的协议，另一种是谈判无法成功。导致这两种结局的原因多数在于，他甚至不能够清晰地把自己的想法表达出来，更不用说说服对方满足自己的需求了。

谈判中陈述的语言要点

坦诚。许多谈判者在谈判的过程中闪烁其词，似乎在隐瞒自己的想法和动机，这样势必会给对方留下一种不真诚的印象，从而影响谈话气氛的和谐。在谈判中，谈判者应该把自己的想法和需求明白地表达出来。只有这样，对方才能知道你的想法，或者满足你的需求。另外，把对方想了解的情况告诉对方，这样你才能得到对方的信任，从而也了解对方的想法，并最终达成一致的意见。当然，你只需要在一定程度上坦诚相对，因为在某些时候，绝对的坦诚可能会被对方利用。

简洁明了。应该尽量使自己的话简洁明了。谈判的目的性和急促性不允许你发表长篇大论，你们需要的是马上找到一个明确的解决方案。不要使用过多的论据和技巧，这样会使对方无法抓住重点，并且认为你说了太多的废话。事实证明，大多数谈判者都对那些夸张的、有着许多虚华文采的字句很反感，并且会在谈判的过程中显现出不耐烦。直接说出你要表达的观点，并且进行必要的解释和说明，这样就足够了。

使用合适的语调和语速。很多谈判者急于表达自己的观点，希望尽快说服对方同意自己的意见，以快速地达成协议，因此总是非常急

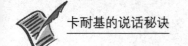

促地说话。这样做的后果是对方并不明白他说了些什么，并且对此颇不耐烦。另外，有一些谈判者总是打算用气势压倒对方，似乎希望对方连话都不要讲，想用这种方法赢得谈判的成功。这样做的后果是对方干脆保持沉默，但是也绝不会同意他的观点。这两种做法的结果都是谈判破裂、无果而终。因此，不要试图用咄咄逼人的气势去压倒对方，最好使用平和的语调；也不要使用过快或者过慢的语速，只要对方能够听得清楚就行。

正确处理专业术语。在谈判中，为了使你看起来更加有实力，你可以使用一些专业术语。但是，有一些谈判者对专业术语的处理方式令人失望。他们抛出一个专业术语之后，往往不作任何解释，就直接运用在下面的谈话中。他们想当然地认为，对方应该明白自己所说的词。实际上，即使是在商业谈判中，那些谈判者也未必就一定是专业人员，他们更多的可能是业务人员，更不用说其他类型的谈判了。只有对那些专业术语进行恰当的处理，如询问对方是否懂得自己所说的意思，或者干脆进行一些简单的说明，这样效果才会更好。

谈判中的语言陈述技巧

缓冲语言。在谈判的过程中，谈判双方的观点难免发生冲突，双方的需求自然也会有矛盾。为了使自己的想法和观点更加容易被对方接受，或者改变对方的某些看法，你需要使用一些缓冲这种对立的语言技巧。比如，"你的观点有一定的道理，但是我有另外一些想法，不知道对不对……"这样你既没有直接指出对方观点的错误之处，也没有拔高自己的观点，而是以一种商量的口气表达了自己的看法。对方的观点得到了一定程度的肯定，所以对方不会对你产生反感，也不会对你的观点产生抗拒，因而也更加容易接受你的观点，或者至少能够平心静气地跟你一起讨论。

解围语言。有一种情况是所有谈判者都不愿意看到的，那就是谈判似乎马上要破裂了。谈判双方出现了难以调和的矛盾和冲突，气氛也变得紧张起来。双方好像站在了完全对立的两面，因此都陷入了尴

谈判中的陈述技巧

⊙谈判是一件很严肃的事情，这要求我们认真对待谈判和谈判对手。但是我们不能因为谈判的严肃性就使自己的表情显得严肃，而应该使用一种对方更加容易接受的方式，努力营造和谐、融洽的谈判气氛。

⊙注意谈判中的语言表达技巧。尽可能使你说的话清楚、明白，使你的话听起来更加舒服。另外，坦诚地表达你的观点，这是使对方坦诚的前提条件。

⊙使用一些合适的语言陈述技巧，使谈判朝更加有利的方向发展。

尬的境地。这时候，需要运用解围语言来处理这种局面，比如，"我觉得我们这样做，可能对谁都不利。"指出谈判正朝着危险的境地发展。对方也一定不愿意看到这样的情况出现，而你也表达了你希望谈判成功的诚意，因此这一般会使气氛变得好起来，双方也更加可能达成协议。

弹性语言。我们在前面已经说过，我们应该针对不同的人说不同的话。这并不是说要改变自己说话的内容，而只是要改变说话的技巧而已。在谈判中也应当如此。如果对方谈吐优雅、文明礼貌，谈判者也应该尽可能使自己文雅一点；如果对方朴实无华、语言直接，那么谈判者也不必使用那些高雅的词汇。这种做法能够快速而有效地缩短谈判双方之间的距离，更加有利于沟通思想、交流感情。

肯定语言。即使对方说了一些愚蠢的话，你也不要直接指出来。你应该尽量看到对方正确的地方，并且诚恳地指出来。你无法使一个受到指责的人同意你的观点，除非你肯定他。更加重要的是，千万不要在谈判结束的时候说一些否定性的话，这样会使谈判以一种不愉快的方式结束，也会对以后的交流产生很大的影响。应该告诉对方，这次谈判让你收获不小，跟他谈话是令你很愉快的事情。

在谈判中应该适当地提问

在一次谈判中，卖方和买方进行了如下的对话：

卖方：看起来你好像对我们公司的洗衣机不大满意，我可以知道是什么原因吗？

买方：好的，我不大喜欢你们洗衣机的外形，它看上去好像不是很结实。

卖方：的确如此。如果我们在生产下一批产品时，改变它们的造型，使之能够防腐，你是否会满意呢？

买方：这很好。不过，这样一来，交货时间一定会延迟很多了。

卖方：那么，如果我们能够尽量缩短交货时间，按照你要求的时间交货，你能够马上签字吗？

买方：完全可以。

我们看到，在这次成功的谈判中，由于卖方恰当地提问，最终谈判双方达成了协议。这说明提问在谈判中的确十分重要。可以说，提问在严肃而紧张的整个谈判过程中，自始至终都发挥着重要作用。正如我所举的案例中的卖方一样，那些谈判高手对提问这一方式的运用有着十分娴熟的技巧。正是这样的提问，使他们始终有力地控制着谈判的方向，牢牢地掌握着谈判的主导权，从而使谈判达成了对他们有利的协议。

那么，提问在谈判中究竟有什么作用？具体地说，有以下一些作用：

开场时投石问路。许多谈判高手在已经做了充分的准备、非常了解对方的情况下，为了获取更加具体、可靠的信息，在谈判开始时都会使用提问这一方式。谈判该采取什么样的策略、对方可能会有什么想法，谈判者都能够在开场的提问中获得一定的信息，然后再利用这些信息去制订或改变自己的谈话策略。

获得信息。提问是谈判者获得对方信息的最直接、最有效的手段。

对方的真实情况是什么、需求是什么、想法是什么，都可以通过提问来得到。虽然你也可以通过其他的方式去了解这些信息，但是都不如提问这种方式来得直接和有效（那些谈判前毫无准备的谈判者想必也是这么认为的，他们认为这种方式更好，因此事先并不准备）。不过，我们需要注意对方提供的信息是否真实。

提请对方注意。为了吸引对方对我们提供的信息的注意，你也可以使用提问。提问可以建立自己的观点和对方意见之间的联系，从而使对方认真思考你所表达的观点。比如，"我认为……你觉得是不是这样？"这种方式很自然地会把对方的注意力吸引过来，使对方不得不给你一个答案。因此，即使你的本意并不是想询问对方的意见，而只是表达你的观点，也可以使用提问。

传情达意。当对方谈了一个看法的时候，提问可以传递你对这个看法表示关注的信息，而对方一定会非常热情地回答你的提问，这样就营造了一种和谐的谈判气氛。比如，"我对你所说的很感兴趣，不过我有一个问题……"这表示你对对方所说的东西十分关心，而对方一定也会用同样的关心回报你。

引发对方思考。提问当然能够引起对方的思考。你不能直接地对对方说："关于我刚才说的，你好好地想想吧！"因为这样说似乎是一个命令；你可以说："关于我的意见，你有什么看法呢？"这样自然更加容易让对方接受。

谈判结束时作结论。在谈判快要结束的时候，结论可以以提问的形式出现。比如，"现在是不是该到下结论的时候了？"这种问话很明显比说"让我们赶快下结论吧"更加容易得到对方同意。对于后者，对方的回答很可能是"不急，还有些问题没有解决"。

上面提到的是谈判中提问的重要作用。正因为它有这么重要的作用，所以，如果谈判者想要取得谈判的成功，就有必要学习恰当地提问的技巧。总的来说，提问应该使谈判朝对你有利的方向发展。具体来说，在运用提问这一方法的时候，应该注意以下一些问题。

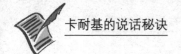

把握恰当的提问时机

提问十分重要，这也恰好说明不能滥用提问这一方法。不要认为随时都可以提问。在提问之前，最好能够仔细考虑提问可能会带来的影响，比如是否会打断对方的思路、影响对方的情绪等等。不要在别人谈兴正浓的时候打断别人的谈话，这样显得很没有礼貌，也会使谈判受到影响。

提恰当的问题

谈判者提的问题一定要有针对性，也就是要提恰当的问题。提问应该把谈判引到某一个方向上去，而不能随意发问。不要因为那些跟谈判没有关系的疑惑去提问题。在谈判中，如果你了解到对方可能对某个问题产生了怀疑，你可以用提问的方式去引导他把自己的疑惑说出来，然后找到合适的说辞进行有针对性的说服。在提出一个问题之前，你最好能够对自己的问题进行思考。要避免那些可能有歧义、让对方不知道怎么回答的问题。我在前面已经提到过一些无效问题，应该尽量避免提那样的问题。

在谈判中恰当地提问

⊙提问在谈判中发挥着十分重要的作用。恰当地提问，能够使谈判更加顺利地进行，而如果相反，则会使谈判不那么顺利甚至破裂。

⊙提问有时候并不是为了得到对方的回答，它的象征意义往往比其实际内容更加重要。这正说明了提问在谈判中十分重要。

⊙注意提问时的态度。在提问的时候，不要心不在焉，而应该十分诚恳地向对方提出疑问。

⊙在恰当的时机、用恰当的方法、提恰当的问题——只有做到这三点，才能使提问发挥重要作用。

用恰当的方式提问

我们知道，提问的内容一样，得到的回答却可能不一样，这是提问方式的不同所引起的。提问的方式十分重要，因此，在提问的时候，应该注意用合适的方式提问题，用更加有技巧的方式表达你的问题。一位信徒问牧师："我可以在祈祷的时候吸烟吗？"牧师答道："当然不行！"另一个信徒问同一位牧师："我可以在吸烟的时候祈祷吗？"牧师答道："当然可以！"两个相同的问题，却得到了完全不同的回答，这是因为提问的方式发生了变化。

掌握谈判中的应答技巧

有问必有答。如果说提问已经成为贯穿在整个谈判过程中的重要组成部分的话，那么跟它相匹配的应答也有着同样的地位。关于应答的重要性，我们已经在前面说过。而由于谈判在某种程度上具有强烈的针对性，因此应答在谈判中也显得更加重要。

在《新约》里有这样一个故事：犹太人和法利赛人带来了一个通奸的女人，他们当众问耶稣："按照摩西的法律，应该用石头打死这个女人。你说应该怎么办？"这是一个圈套——如果同意的话，耶稣身为一个"救世主"就要为这个女人的死负责任；但是如果不同意，那么他就违反了摩西的法律。于是耶稣说："你们中如果谁没有犯过错的话，谁就用石头打死她吧！"众人扪心自问，都觉得自己并不干净，于是就走开了。而那个女人也就得救了。

在谈判的时候，有些问题可能不见得比耶稣面对的问题更难回答。耶稣凭借自己的聪明机智巧妙地回答了问题，而有些谈判者却倒在了那些问题面前。

那么，在谈判中该如何回答问题呢？这里，我把我所了解的一些

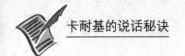

应答技巧告诉你们，并且希望你们从此能够从容地应答所有问题。

留下充分的时间进行思考

在回答问题之前，你应该给自己留下充分的时间对对方的问题进行思考。不过，一般来说，在谈判的过程中，对方不会给你充裕的时间让你从容地思考。因为他知道，时间越长，你越能给出对你自己有利的回答。在这种情况下，即使他催促你立即回答，你也可以礼貌地告诉他，你必须对这个问题进行思考，并且需要一些时间。

对问题进行分类

你思考的第一点应该是对对方提出的问题进行分类。也就是说，这个问题是友善的还是不好回答的，甚至是带有敌意的。这三类问题应该有不同的应答方法。第一类问题，像你一些基本的信息等，由于对方并没有敌意，而且说出来对你也并没有什么影响，如果你还闪烁其词的话，就显得不够真诚了（甚至有可能是对方拿已经掌握的信息对你进行的试探）。第二类问题虽然没有敌意，但却是你不想回答、不便回答的问题，对方可能是无意之中问的，也有可能是故意这么问的。总之，回答这类问题应该把握好分寸，看是否会对谈判有影响。我在后面谈论的方法基本上都属于这一类（除非特别指出来的）。第三类问题是发生在你们的矛盾很严重的时候，对方可能因为对你的行为有所不满，对你有敌意，所以问这样的问题。回答这种问题时应该礼貌，不应该采取针锋相对的态度，要把握好回答的分寸。

转移话题

在有些谈判中，对方可能会直接问你底线问题。如果你回答了这样一个问题，那么你会很明显地陷入被动。对于底线这样的问题，你自然不想这么直接地告诉他，因为在一般情况下，无论哪一个谈判者都不希望谈判结果只是底线。而你一旦告诉了对方你的底线，就已经失去了继续谈判的意义。

对于这样的问题你必须想办法进行转移。比如，对方问你，产品的价格最低是多少。你可以跟他说，你提供的价格绝对不会过高，在你告诉他之前，你打算先介绍一下你们产品的一些优越的性能。这样，你就把话题转移了，从而也为自己赢得了主动权。

模糊回答

对那些不得不回答，但是却难以立即做出回答的问题，你可以使用模糊语言。模糊语言即那种给对方不确定的答案的语言。比如，对方问你价钱最低多少的时候，你可以说："不会高于你能承受的价格。"这种模糊语言显得十分巧妙，既回答了问题，又没有使你陷入被动。

模糊语言能够为自己留有足够的余地。比如在应聘的时候，面试人员问你："你的期望工资是多少?"你不能给对方一个确定的答案，但可以说："2500到3500之间。"这样，显然有可能与对方能给你的工资符合。

延迟回答时间

当对方要求你立即回答某个你不想回答的问题的时候，你可以拖延回答的时间。比如，你可以对对方说："我想，现在还不是谈论这个问题的时候吧!"或者"我现在没有第一手的资料，我想等我查阅完第一手资料的时候再给你一个详尽而准确的答复，这样可能会更好些。"这些理由都具有不可辩驳的说服力，因此你将不会再遇到同样的问题。

不过，延缓时间只能是暂时的。如果你这一次拖延了回答对方问题的时间的话，下一次你就不能再借故拖延了。因此，你最好找一个更好的办法来解决这个问题。

适当地处理对方的错误

在谈判的过程中，由于沟通上的问题，对方可能并没有完整地理解你说的话，因而产生了误解。这是谈判中经常会出现的情况。

一些谈判者在对方误解了自己的情况下采取了观望的态度——如果这种误解有利于自己，他们就视而不见、将错就错；如果对自己不利，则马上指出对方的错误。这是一种只看眼前而不顾长远的做法。他们

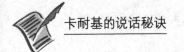

害怕自己会受到损失，于是忽视了谈判实际上是以坦诚为基础的，而绝不应该相互欺骗和隐瞒——即使这是被动的。

在这种情况下，正确的做法是，不管对方的误解对自己有利还是不利，都应该委婉地向对方提出来。你不用担心你会因此而遭受损失，那些东西可能并不是你应该得到的。而如果你隐瞒了真实信息，那么等对方发现的时候，你会得不偿失的。

谈判中如何拒绝

谈判就是为了满足双方的要求而彼此参与的过程。每个人的需求不同，因而会展现出不同的行为和表现。虽然我们希望谈判双方能够配合默契，顺利地完成谈判，但是大多数情况下，利益冲突导致的问题还是会不断地发生。鉴于要营造一个平和、融洽的谈判氛围，以使谈判能够成功，我们不能直接拒绝或否定对方，而是必须进行有策略的拒绝。

在下面这个十分经典的案例中，谈判的一方使用了一种极高的拒绝策略，使原本对对方有利的局面变成了对自己有利的。

美国有名的电器生产商海锐公司和另一家不怎么有名的公司进行商业谈判，希望能够把电器设备卖给那家公司。那家公司的三个采购代表看起来像他们的公司一样不起眼，而海锐公司的谈判代表则准备得十分充分，并且似乎十分精于谈判。

海锐公司的谈判代表约翰和他的同伴们的表现是压倒性的。他们在一开始的时候拿出准备好的一大堆图表、图像和数字，无可辩驳地说明了他们公司的电器产品是最合适不过的。等他们介绍完自己的产品之后，两个小时已经过去了。而对方在整个过程中一直安静地坐在沙发上，一句反驳的话也没有，只是默默地听着。

约翰说完之后，吐了一口气，轻蔑地对反应迟钝的对方说："你们觉得怎么样？"

其中一位采购代表彬彬有礼地说道："的确，你讲得十分精彩，但是我们却不大明白。"

约翰惊诧地问道："你们不明白？我们讲了这么久，你们居然说不明白？那好，你们不明白什么？"

采购代表说道："所有事情。"

锐气十足的约翰感到不可思议，因为他们的介绍是十分详尽而且颇具说服力的，但是他只得问道："你们从什么时候开始不明白的？"

"一开始，"采购代表说，"我们从一开始就不明白。"

约翰又能怎么样呢？于是他问道："你们想要我们怎么样呢？"

"你最好重复一遍吧！"

约翰像泄了气的皮球一样，刚才的那股信心和气势一下子都不见了。对方并没有针对某一点提出反对，他们的沉默就是对所有意见的否决。但是约翰和他的同事们难道会继续用两个小时来重复介绍他们的产品吗？当然不会。采购代表们正是运用这一点巧妙地拒绝了对方，同时也为自己赢得了谈判的主动权。果然，海锐公司的价钱开始下跌，而且形势对他们越来越不利。

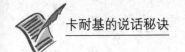

　　这就是拒绝策略的奇妙用处。在谈判中知道何时拒绝、如何拒绝，你会收到很好的效果。有些谈判者担心自己的拒绝会给自己带来不利的影响，因而即使不同意对方的意见，也从不表现出来。他们担心的其实不是拒绝本身所带来的影响，而是拒绝的方法不当带来的。

　　另外，我们鼓励谈判者进行拒绝，并不意味着他可以随时拒绝对方。谈判者如果不是对对方表示不满，或者想和对方进行争论，就不要轻易地使用拒绝。你必须在恰当的时机进行拒绝，比如，当对方的确非常想要买下你的产品，却因为价钱的问题迟迟作不了决定的时候，你可以对他说："先生，我决定不卖这件产品了。"一般情况下，对方都会提高价钱来购买你的产品的。

　　究竟该如何拒绝谈判中的对方？我觉得以下这些拒绝方法值得借鉴：

援引客观条件的限制

　　在很多情况下，如果对方向你提出了一个无法回答的问题，而且无论你怎么解释，对方都苦苦纠缠的话，你最好表示自己也爱莫能助——由于客观条件的限制，你无法回答对方的问题。这样能够使对方不再纠缠，并且对你表示谅解。

　　所谓的客观条件主要包括两个方面：一个是局限于你自身的客观条件，比如技术力量、权限和资金条件等；另一个是社会条件的限制，比如法律、制度和形势等。当然，这两者可以单独使用，也可以综合运用。

先肯定后否定

　　当对方提出了一个要求或看法而你不能同意的时候，你可以先找出其中合理的部分予以肯定，然后委婉地表示你不能确定其他的部分。"总的来说，你的看法有一定的道理。"以这样的开场答复对方，对方会更加容易接受你的意见。

　　在谈判的时候，尽量不要使用否定性的词语，即使你需要表达出来，也应该用一种更加有技巧的方式。对每个人都应如此，尤其是谈判的对方。他们是提供给你某种利益的人，一旦遭到了否定，他们就会产生不快，从而产生一种抗拒的心理。

以攻为守

当对方提出某个你不能接受的要求的时候，为了不受到对方的牵制，你可以化守为攻。你可以提及对方在前面拒绝的你的某个要求，告诉对方你可以同意他的这个要求，但是他也必须满足你的那个要求，并说对方的这个要求跟你的那个要求是一致的。这样，即使你同意了对方的要求，也不会有任何损失。

引导对方自我否定

即使对方提出了一些不合理的要求，你也不要针锋相对。有时候，你可以旁敲侧击地暗示对方，让他认识到自己的看法有一定的局限，进而自觉地撤销自己的不合理要求。只有让对方自己否决自己的想法，他才会真心地接受，而不会产生不快。

补偿安慰

如果你不想因为拒绝而引起对方的不快，但是又不得不拒绝，你必须想办法对对方进行补偿和安慰。不论你的拒绝策略有多么巧妙，都终究掩盖不了拒绝了对方这样一个基本的事实。你谈判的对手并不

在谈判中拒绝

⊙谈判中的拒绝应该达到这样的效果：既不损害你自己的利益，又能使谈判顺利进行。这就要求你必须采用一定的方法和策略。

⊙不要将对手想象成一个完全理智的人。他的确会接受你的拒绝，但是也会产生不快的心理。而这种心理一定会——不管程度如何——影响到他的判断。因此，尽量在拒绝的时候也使他觉得高兴。

⊙拒绝的各种方法可以综合运用，可以单独使用，也可以结合起来使用。重要的是怎么样拒绝而不对谈判产生消极的影响。

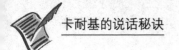

是一个完全理智的人，在某种程度上，对方也可能会因为被拒绝而产生消极的情绪。这时候，你必须想办法进行补偿和安慰。

提出你可以满足对方某一个对你来说无关紧要的要求，或者对你的拒绝表示遗憾。这样，对方的心情可能会好一点儿。充分地表达你的谈判诚意，这一点对你来说很重要。

适当地运用说服技巧

谈判在某种程度上是一种要求很高的说服术。一般的说服术预设了一个前提，即你要么能说服对方，要么不能说服对方，而对方一般不会反过来说服你。但是在谈判的时候，由于谈判双方地位的平等，你需要做到的是，在对方说服你之前先说服对方。

许多人认为要在谈判中说服对手太困难了，因为双方的利益冲突实在是很激烈。为了解决这个问题，我先举一个小例子：

我和一位同事曾经到曼哈顿出差。在我们吃早餐的时候，因为点完菜之后还剩下不少时间，于是同事出去买报纸。大概10分钟之后，他两手空空地回来了，嘴里似乎还在咒骂着谁。

"怎么回事？"我问他。

"该死！"他回答道，"我到马路对面那个报刊亭去买报纸，当我拿到报纸后，递给了那家伙10美元。他居然不接我的钱，而是把我手里的报纸拿走了。之后他还教训我说，他的工作不是在上班高峰期为别人找钱。"

"这的确让人不高兴。"我说。

"这个傲慢无礼的家伙！"那位同事接着说，"我敢打赌，像他这种爱发脾气的人是绝不会给别人兑换10美元的。"

"虽然我不喜欢跟人打赌，"我说，"但是我愿意接受这一挑战。我待会儿就去和那个老板谈判。"

于是，我在吃完饭后就去了同事所说的那个报刊亭，而他在饭店门口看着。当那个报刊亭的老板注意到我的时候，我用一种胆小的外地人的声音对他说道："先生，不好意思。我不知道你能不能帮我一个忙。"

那位老板随口问道："什么事？"

"我是外地人，"我说，"我需要一份《纽约时报》，但是我只有一张 10 美元的票子。我该怎么办呢？"

还没等我把话说完，对方就递给我一张报纸，说："拿去吧，这不是什么大事！"

我的同事目睹了这一幕，他后来称这件事情为"54 街上的奇迹"。

很多谈判者都像我的同事一样，把在谈判时说服别人当作是一件十分困难的事情。他们都把谈判对手想象得过于固执。我对我的卡耐基口才训练班的学员多次提到："这并不困难，只是需要技巧而已。"

的确如此。既然谈判双方都坐到了谈判桌前，就必定有着共同的利益。双方深知，如果要对方满足自己的要求，那么自己就一定也要满足对方的要求。为了达到说服别人的目的，你只是需要一定的技巧罢了。

那么，谈判者需要什么样的说服技巧呢？以下是比较重要的几种方法：

满足对方的需求

在此之前，你已经对你的谈判对手作了一定的了解；而在谈判的过程中，相信你也已经对对手有了更进一步的了解。在此基础上，你首先要确定他的需求，然后针对他的需求进行说服。

你只有告诉对方自己的意见能够满足对方的需求，才更加容易让对方接受。任何人都只对自己感兴趣——在谈判中尤其如此。他所有的善意举动可能都是为了你能满足他的需求。因此，这一点特别重要。

针对对方的实力

如果对方的实力足够强大的话，他们可能就会对那些蝇头小利没

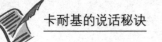

有太大的兴趣。大企业或者实力较强的人，一般更加注重的是品牌或荣誉。因此，尽量满足对方这些方面的要求，这样对你的说服可能大有裨益。而如果对方的实力较小，他则更加需要现实的利益，他往往对价格、价值、服务更加关心。只有针对不同实力的谈判对手采取不同的策略，才会最大限度地得到对方的认同。

赢取对方的信任

信任是使对方同意你的观点的第一步，同时也是最重要的一步，对那些陌生的谈判者来说尤其如此。尽量消除对方的不信任感，消除对方的担忧或恐惧，这会使你更加容易说服对方。

寻找共同点

尽量找出你们的共同点，即使是谈判者个人方面的，这样可以拉近彼此之间的距离，也会使对方不至于抗拒你的意见。你可以从你和对方的职位、兴趣以及许多看法中找出一些共同之处，这样更加容易拉近彼此之间的心理距离。另外，共同利益应该是你们始终关注的，因此，在谈判的过程中要不断强调这一点。

在谈判中说服对方

⊙谈判中的说服术较为特殊，因为谈判本身的针对性较强，而且利益冲突较为明显，但是这并不说明说服对方是不可能的。

⊙说服对方绝不是用气势或者言语来压倒对方，也不是用命令的语气去纠正对方的错误，而是用道理和技巧去征服对方。

⊙分析你的建议的利弊，开诚布公地跟对方一起讨论。以一种商量的语气谈判，对方会更加容易被你说服。

⊙精心设计你的意见，使你的意见简单明了，并且具有很强的诱惑力。

态度要诚恳

使用礼貌而且谦虚的态度说服对方，不要因为你的观点比较高明就轻视对方甚至否定对方的意见。在你说服对方之前，你需要的是对对方的尊重，而不仅仅是摆出你的意见。

不要指责对方

无论对方提出了多么愚蠢的意见，你都要把你的态度放在心里，而不要把它显露出来。你应该对对方提出的意见给予称赞，并找出其中一些值得肯定的地方，然后再说出自己的想法。不要指责对方犯了错误，这样只会使他坚持自己的意见，而不会听从于你。另外，在谈判中，最好不要使用否定性的语言。

克服人性中的弱点

谈判似乎总是要经历双方都不愿意见到的局面：谈判气氛似乎都凝固了，双方都沉默不语，默默注视着对方，好像都心怀鬼胎一样；或者双方为某个问题发生了争执，面红耳赤地进行辩论。这种局面是不知不觉地发生了的，它使双方都陷入了尴尬的境地。最后的结局可能是，双方在沉默中不欢而散。

这就是谈判中的僵局。僵局在某种程度上象征着谈判的破裂，是对谈判双方的极大伤害。为什么会产生僵局呢？那是因为双方都不肯在某个方面让步，从而无法达成一致的意见。这是一般的情况。然而，有一些谈判高手喜欢利用僵局来促成谈判的成功，因为人们一般都不喜欢僵局。他们可能会在许多次要的问题上让步，而当谈到主要问题、原则性问题的时候，则利用僵局来实现他们的目的。他们可能会对对方说："我们已经做出了最大的让步，已经充分地表达了我们的谈判诚意。现在，我希望你们也能够做出一点让步，否则的话，我们只能对这样的

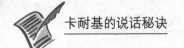

结局表示遗憾。"如果是这种情况，谈判的僵局可能更加难以打破。

但是，为了谈判的成功，大多数谈判者还是希望能够尽快打破僵局。那么，如何打破僵局？

调整情绪

很多谈判者因为想要坚持自己的意见、改变别人的看法，会变得非常激动。我们知道，当人们在激动的时候，往往会失去理智。也许在演讲之前他就已经想好了该怎么处理僵局，但是当僵局真正出现的时候，他们却忘记了之前想好的做法。另外，有一些谈判者似乎已经做好了最坏的心理准备：既然对方对他们的要求不依不饶，恐怕自己的目的已经达不到了，也没有希望获得谈判的成功了。这使得他们放弃了原来的礼貌和谦逊，口气开始变得咄咄逼人，甚至开始指责对方。总之，不论因为何种原因，他们都已经对谈判失去了信心。

由于我们之前已经预测到谈判僵局可能出现，那么等它真正出现的时候，就不应该使其成为谈判的终结。无论如何，你都应该尽自己最大的努力促成谈判的成功。你应该做的是，慢慢地平息自己激动的情绪，对谈判的成功恢复信心，然后采取积极的对策。消极回避对谁都没有好处，所以，你应该积极地寻找解决方案。

换个话题

当对方不论你怎么解释都不同意你的要求的时候，你不妨转换一个话题。转换话题并不是再也不提你们发生争执的话题，而是将其暂时搁置，到适当的时候再进行讨论。转移话题的作用非常明显，它可以缓解紧张的气氛。只有这样，才能使双方平心静气地展开讨论，不再发生争执，才有利于谈判的成功。对你来说最重要的事情是缓解谈判的紧张气氛，因为这对谈判而言是致命的威胁。

然而，转换话题并不是一件容易的事情。它并不是消极地回避，而是积极地争取机会。在适当的时候，你的话题还是要回到你们产生争执的地方上来。因此，在你们谈论别的话题的时候，你要对你们的僵局进行反思，并寻找问题所在，然后采取有针对性的方法。

转移的话题必须跟你的主题有关，只有这样，才能保证你随时都能够把话题转换回来。不要谈那些不着边际的话题，这会让对方认为你在故意拖延时间，而且你也无法成功地转回到原话题。转移话题之后，要使话题自然而然地朝正题靠拢，从而让对方在不知不觉中接受你的意见。

更换主谈人

谈判者可能会因为情绪问题而影响自己的判断，而且可能会在很多问题上形成成见——正是这些成见使谈判陷入了僵局。对对方而言，现在的谈判者及其各种做法和想法可能正是刺激他的主要原因。因此，如果可能的话。更换主谈人也是一个打破僵局的合适的方法。

选择那些对本次谈判比较熟悉的、具有较强能力的谈判者参与谈判。当然不能选择那些对本次谈判完全不了解、没有多少谈判技巧的人来继续谈判，因为如果你们更换了谈判者，说明你们已经做出了让步，而这样的谈判者无法掌握谈判的方向。

扩大双方的利益

如果可能的话，可以适当地扩大双方的利益，即自己在某个问题——即使是原则问题——上做出让步，而对方也能在某些重要问题上做出让步，这样双方都能够得到更多的益处。不过，这自然是建立在做出一定牺牲的基础上的。

必须要注意的是，务必使自己得到的益处比做出的让步多，这样才有让步的必要，否则你失去的将会更多。你的目的并不只是要达成协议，而应该是达成对你有利的协议。另外，不要要求对方做出太多让步，这样你也将达不到目的，而且可能会在另一个问题上造成僵局的出现。

调整自己的策略

僵局出现的一部分原因是谈判策略不当。有经验的谈判高手甚至认为，没有不合适的目标，只有不合适的策略。他们的意思是，只要你的策略合适，那么无论你的目标有多高也都可以实现。这样说虽然有些夸张，但是却的确表明了策略的重要性。

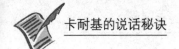

我在前面已经说过了谈判中的策略问题，它们并不都是并行不悖的。实际上，对一次谈判、一个谈判对手而言，可能只有一种合适的策略。因此，如果你发现这种策略不合适，可以换另一种更加合适的策略。

心理置换

心理置换要求用一种换位思考的方法来处理谈判。很多时候，由于经验、学识、立场和价值观不同，不同的人对同一个问题的看法会存在很大差异，甚至会相互对立。如果你能够从对方的角度来看一些问题，对这些差异你可能变得更加容易接受。当然，你也可以要求对方从你的角度和立场来考虑问题，前提是你要告诉对方，你已经从对方的角度思考过这个问题了。然后，采取一种合适的、折中的方案来解决使你们陷入僵局的问题。

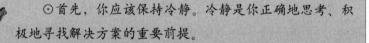

打破谈判中的僵局

⊙首先，你应该保持冷静。冷静是你正确地思考、积极地寻找解决方案的重要前提。

⊙你可以迂回曲折地达到你的正题，这样更加容易让对方接受你的观点和看法。但是你不能舍弃正题。

⊙从谈判人、谈判策略和谈判内容入手考虑你们谈判中出现的问题，进而调整你的策略。

第七章
说服力

　　卡耐基口才训练班的学员一开始都一致认为，如果能够掌握一套轻易地说服他人的方法，那一定是十分美妙的事情；但是他们同时也认为，说服他人是口才中最难掌握的一种方法。

　　能够让别人改变想法和要求转而接受自己的想法和要求，无疑是很吸引人的。在所有的沟通中，说服术是最基础也是最重要的一种技巧。实际上，你在任何场合都能用到这种技巧——多得我都不用举例说明了。

　　但是我不同意学员们后一部分的说法，即认为学习说服术十分困难。我认为，世上并无真正的难事，关键在于我们是否肯运用正确的方法努力去做。而我也将把自己的经验告诉大家。只要把以下这些原则掌握了，你们会发现，说服他人也不是什么很难的事情。

让对方以愉悦的心情与你交谈

威尔逊总统曾经说过这样的一段话：

"当你捏紧你的拳头准备跟我说话的时候，对不起，我也会和你一样地捏紧拳头。但是如果你友善地对我说：'让我们一起坐下来谈一谈，看如何解决我们之间的分歧。'这样我也会非常友善地坐下来。这样我们才可以看到，我们之间存在的问题可以得到解决，因为我们的意见分歧不大，并且共同点很多。只要有友善的态度，我们就容易取得一致。"

的确如此。多年的生活经验告诉我，当我想要说服一个人的时候，能够采取的最好的办法是使对方能够以愉悦的心情跟我交谈；而如果我采取的是愤怒、粗暴的态度，对方就会感觉受到了威胁，那么我们多半会解决不了问题。

这个现象很好解释。当我采取的是愤怒和粗暴的态度的时候，那么对方会感到我和他是敌对的关系，我是他的敌人——我们知道，基本上人们都不会听信敌人的意见。对方会不自觉地在我们之间设一道鸿沟，使自己处于绝对的安全之中。我们可以想象，在这样的态度之下，想要说服一个人会有多难。

怀特汽车公司的工人为了增加工资而举行了规模巨大的罢工。公司的总经理卡特先生并没有像多数的老板一样，在这样的情况下采取强硬的态度。他争取使工人们有一个愉悦的心情，从而使他能够跟他们在平和、友善的环境中进行对话。他积极地做了一些事情来做到这一点。卡特非但没有恐吓和威胁工人们，还在报纸上刊登广告，称赞他的工人们是"放下工具的和平者"。他为工人们买了棒球棍和手套，让他们因为罢工无事可做时可以在空地上打棒球；他还租下了一个保龄球室，供工人们在闲暇的时候使用。

他在适当的时候和工人的代表进行了谈话，谈话气氛十分友好。

看得出来，工人对公司已经由敌对态度变成了可以谈判解决问题的平和的态度。这次罢工在一周内就被解决了，卡特的做法给那些老板们提供了一个十分出色的范例。

史特劳伯觉得自己租的房子租金太高了，想要房东把租金降下来。于是，他写了一封信给房东，说他的房子的租期快到了，如果能够适当地降低房租的话，那么他还打算继续住下去。其他的房客却觉得这个方法根本行不通，因为房东是一个十分顽固和吝啬的人，他们都试过这个方法，结果都失败了。

房东看了史特劳伯的信后，就来找他了。史特劳伯站在门口欢迎他，并且一开始绝口不提降低房租的事情，而是一个劲儿地说他非常喜欢这所房子，他实在不愿意搬走。他还对房东说，他现在已经总结出对这所房子的管理办法了。

这使得房东非常高兴。很明显，从来没有一个房客像史特劳伯这么欢迎他，他甚至都有一点儿不知所措了。

房东对史特劳伯讲他的房客让他感到十分烦心，他对他们都没什么好感。他们总是抱怨这抱怨那，有一位房客甚至给他写了 14 封信来侮辱他。还有一位房客威胁他说，如果楼上的人还想睡觉的话，办法只有一个，那就是降低房租。

"你真是一个惹人喜爱的房客，"房东对史特劳伯说，"能够遇到你这样的房客，真是让我太高兴了。"

接着，还没等史特劳伯开口，他就主动提出降低史特劳伯的房租，所降的房租比史特劳伯自己想象得还要多。临走的时候，他还提出打算对史特劳伯租的房子进行装修。

史特劳伯的方法十分简单，那就是尽量使对方感到愉悦，从而能够在友好的气氛中进行交谈。

当别人犯了错误的时候，不要气势汹汹地去批评他，这样多半会导致对方的反感和反抗。你应该采用一定的技巧，使对方以愉快的心情与你交谈，这样才会使对方能够被你说服。

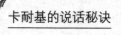

我们相信，愉悦的心情会使一个人有勇气承认自己所犯的错误，从而接受对方的批评和建议。而这种心情在多半情况下都必须由对方提供一个很好的谈话环境来获得，因为心情确实与谈话环境有很大的关系。

美国通用汽车公司想要在一个分公司附近新建一处车间。当在附近收购地皮的时候，他们遇到了一个麻烦。这块地皮的大多数主人都肯将其转让，但是有一个叫伊兰特的老太太却拒绝转让。伊兰特老太太所拥有的那块土地，正位于整块地皮的正中央，因此公司必须将其收购。公司派了许多人去"攻关"，但是却都失败了。

建筑工期马上就要开始了，时间十分紧迫。公司经理弗莱克为了不至于因为这一块土地而影响整个计划，决定亲自去说服这位老太太。出发之前，他精心为自己"打扮"了一番。他戴着一顶破草帽，穿着一件破旧不堪的衣服，出现在了老太太的面前。这位老太太简直把他当成了一个苦工——而这正是弗莱克所希望的，他想使这位老太太看起来更加尊贵一些。

"我是通用汽车公司的一个经理，"弗莱克说，"我叫弗莱克。我从来没有见过像你这么高贵的老太太，我不得不说，你的生活品质比我

尽量使对方以愉悦的心情与你交谈

⊙让对方十分高兴地跟你谈话，这样会减少你谈话的阻力。

⊙不想使对方树立敌对的意识，最好的办法是使他感到愉悦，让他能够轻松地与你交谈，就像和一个老朋友聊天一样。

⊙不要让对方恼怒、气愤或者消沉，不要触犯对方。要让他感到你在跟他进行普通的交谈，而不是辩论。

⊙以一种宽容的态度面对对方的过失，不要伤害对方的自尊心。这是使对方愉悦的基本前提。

的高多了。我相信，像你这样的老太太生活在这样简陋而狭窄的屋子里，未必合你的身份。你应该搬到更加漂亮的地方去，这样才能使你更加体面和舒心。"

老太太才不会理会弗莱克的打扮是不是故意的，或者他的奉承话是不是真心的，但是她的确非常高兴。弗莱克继续和她谈论转卖土地的事情。这时候，老太太已经不像先前那样冷淡了，而且也不像弗莱克的员工所说的那样顽固。几天之后，老太太打电话给弗莱克，决定将她的土地卖给通用汽车公司，而她所提出的价钱，比弗莱克所预计的更是少了一半。

弗莱克用了什么高超的手段吗？没有。他只不过是营造了一种平和的、令对方愉悦的谈话环境。原来看起来好像不可能成功的事情，却因此而变得如此简单！

因此，尽量使对方以一种愉悦的心情跟你谈话，这样会使事情变得更加容易解决。

努力让对方客观地认识事物

我现在已经不像以前那样确信许多东西了，这并不是悲观的论调，只是我现在能够更加客观地认识一些东西，不再像以前那样从狭隘的个人经验、个人知识、个人信仰和个人立场来看事物。但是很多时候，一些人还是在确信许多我以前确认、现在却怀疑的东西。想到这一点，我就会感到十分焦急。

你们也可以发现，当你们在交谈的时候，常常遇到一些看起来十分顽固的人。这些很顽固的人，换个角度来看的话，我们可以称之为有着坚强信念的人。这些人不会轻易地改变自己的看法，只要是他们认定的事实，如果没有更加确凿、更加有力的证据的话，他们

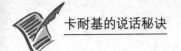

从来不会产生怀疑。

我不想给这些人下评论。不论你有何种性格，"不及"和"过"可能是同样的效果，而对不同的事情而言，这种执着的信念往往会有不同的效果。比如，不应该坚持的东西，你却坚持了，这时候就是你的不对了；而有一些正确的东西，你越坚信它，对你来说就越好。

你确信自己的意见是对的，而别人的意见是错的。但你要让别人认识到这一点却并不是一件很容易的事情。你不能对他说："事实明明就摆在那里。"这样的话没有多少说服力，因为他也看到了事实，只是每个人看到的事实都是不一样的。但你明明知道他的意见是一种偏见，他是从你认为不正确的角度来看问题的。在这时候，你应该尽量使对方客观地认识事物。这样，他才会真正认识到自己所犯的错误。

我们举一个有点违反常规的例子，来说明一个人会固执到什么地步。

有位号称"双枪"的杀人魔王科洛雷曾经和他的女友开车在一条乡村公路上兜风，他把汽车停在了马路中央。这时候，警察走过来请他出示驾照。他二话不说，掏出手枪就朝警察射击。当警察已经躺倒在地的时候，科洛雷跳下车，拔出警察的手枪，又对尸体射了一枪。这当然只是科洛雷的种种恶行中的一件，因为他生平杀人无数。

1931年5月7日，警察把科洛雷围在他女友的公寓里，并朝屋内扔了催泪弹，试图把科洛雷从房子里逼出来。但是即使在一个小时后，科洛雷还蹲在一个沙发后面朝警察开枪。当警察抓获负隅顽抗的科洛雷后，纽约市警察局局长马罗尼发表了公开讲话，他说："这是一个名副其实的杀人魔王，任何一件小事都会成为他杀人的借口。"

但是科洛雷自己却并不这么认为。他在自己的公开信里这样写道："没有人知道，我在凶恶的外表下藏着一颗疲惫和善良的心，我并不愿意杀害任何一个人。"

谁会相信他居然会这么说？！他居然觉得自己没有什么错！对这样的人，你想对他说些什么呢？

这绝不是特例。因为工作需要，我曾经和纽约市辛辛监狱的监狱长通过几次信，他告诉我一些与我的想法截然相反的事情："监狱里的犯人很少有人自责，他们认为自己和正常人一样。他们很擅长为自己辩解，他们会试图说明为什么必须撬开别人的保险柜，为什么会开枪朝路人射击。大多数人都能为自己找出理由，尽管他们的理由是荒谬的、违反逻辑的以及反社会的，但是他们却用这些理由来说明自己是不应该进监狱的。"

我们看到，这些罪大恶极的犯人从自己的角度去看事情，都认为自己所做的事情是对的（当然，他们犯罪的原因并不这么简单）。这些人明显地犯了常识性的错误（或罪恶），即不能客观地看待问题，我们又怎么能够强求一般人——他们只是在一些相对来说并不重要或并不那么清楚的问题上不能客观地看待——完全正确地看待问题呢？

我们帮助别人客观地认识事物，首先要知道他是怎么想的，以及是如何得出这一想法的。每个人都会有一定的坚持己见的习惯。他们看问题当然是从自己的经验、自己的立场去作判断，而且认为这是对的。当有人怀疑他的正确性的时候，他会毫不犹豫地为自己的观点进行辩护，除非你能够指出他的致命的缺陷。所以，你必须站在他的立场去考虑问题，并进一步地反驳他。

当年，西奥多·罗斯福退出白宫之后，面对他的继任者、共和党人塔夫脱总统的保守作风，他感到十分恼火。于是，他不仅在公开场合对塔夫脱进行严厉批评，而且组建了"雄麋党"，打算再次竞选总统。他们的争论使共和党几乎土崩瓦解，直接导致了共和党在竞选史上的最大的一次失败。但是塔夫脱并没有为此自责，他在事后满含热泪地说："我想我并没有做错什么。"

我们且不去管这件事情谁对谁错。我们发现，批评就像火星儿一样，它足以引爆人们心中的虚荣和自尊，并使人们不去管这样做可能会置人于死地。如果当年罗斯福能够站在塔夫脱的立场去考虑问题——假定是罗斯福对了的话，这既能让罗斯福更加客观地考虑问题，当然也能够说服塔夫脱改变自己的政策。而如果是塔夫脱对了的话，他也可以这么做。而他们却似乎只懂得批评、抱怨和责备对方，这种做法

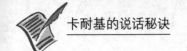

实际上是非常愚蠢的。

我想以我自己的亲身经历来说明让别人客观地认识事物对于说服一个人的重要性。我通常在规劝或者说服他人去做某一件事情的时候，先停下来想一想"如何才能使他心甘情愿地去做"这个问题。这个方法使我受益匪浅。

我在一开始进行我的讲座的时候，租用了纽约市一家饭店的舞厅作为演讲地点。我的每期培训都需要租用 20 个晚上。

一开始我并不为这件事情担心，因为这点租金是我可以承受的数额。但是有一次，在新的一轮演讲开始的时候，饭店方面突然打电话告诉我说必须付比以前高 3 倍的租金。我并不想改变演讲的地点，因为一切准备工作都已经就绪。我打算说服饭店的经理，使他打消这样的念头。我很清楚，他们想的只是自己的利益，但是我相信自己能够说服这位经理。

"你们的通知的确让我很吃惊。"我见到那位经理后，微笑着对他说，"但是我这次来并不是想责怪你。我知道，如果我是你，我也会这么做的。因为不这样做的话，饭店的利益就要受损，而你将会被辞退。那么现在，为饭店的利益着想，我们来分析一下这项决定的利与弊。"

我从我的包里拿出一张早就准备好的纸，在纸的中间画了一道线，作为"利"和"弊"的分区。接着，我在"利"的那一边写下"可做他用"，然后跟他解释说："的确，你们可以把舞厅租给人家，用来跳舞或者开会。毫无疑问，这样肯定会比租给我的价钱要高。而租给我的话，相当于你们损失了很大一笔钱。"

再接着，我在纸的另一边写下"减少收入"和"广告效应"，然后对他解释说："首先，我因为付不起你们的租金，所以不得不另觅地方，这样一来，你们势必要空出这个舞厅一段时间。相对来说，这比现在算是减少了收入。其次，你们知道，我每次所举办的一系列讲座，都会吸引许多人——包括很多名人到你们饭店来居住，难道你不认为这是最好的广告吗？你们每次需要在报纸上花多少钱打广告呢？如果我猜得不错的话，5000 美元应该是必不可少的。而且，这些报纸上的广告的效果也

让他人客观地认识事物

⊙不要直接告诉他人应该怎么做、怎么想，而应该告诉他真实的事情是怎么回事。

⊙不要对他人说："你这种想法非常无聊。"或者"你太片面了！"而应该告诉对方，他现在在受着某种客观条件或某种错误想法的束缚，应该排除这种偏见。

⊙你没有必要把什么是对的、什么是错的都摆出来，你应该告诉他哪些是真实的、哪些是虚假的，或者哪些是明显的、哪些是容易被忽视的。

未必有这么大。这对像你们这么大的酒店来说，价值是不是非常大呢？"

最后，我把这张纸交给尚在思考的经理，并且对他说："为了你们的利益，请认真地考虑一下，然后尽快通知我。"

结果已经可以预料：第二天，饭店方面就通知我，我的租金只需要增加50%，并不是之前决定的3倍。

我并不是想要说明我的做法有多么高超——实际上，这件事情看起来好像被我轻易地解决了。我只是想说：我们在说服他人的时候，是完全可以用更加简单而有效的方法来做到这一点的——让他人客观地认识事物。你也可以试着这么去做。

满足对方的心理需求

拿破仑26岁的时候，已经是法国意大利方面军的总司令了。当时，全军正处于军需供应十分紧张的困境之中。但是拿破仑却在这样的时候做出了一个重要决定：攻打通往意大利的要塞，然后占领意大

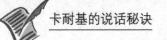

利。在部队出发之前，他向他的士兵们这样演说道："伟大的法兰西的士兵们，我知道你们现在的处境十分困难，我们的共和国亏欠你们太多了。但是，就目前而言，我们并不能为你们做更多的事情。而现在，我将要带领你们到敌人最富足的地方去。到那里之后，你们将丰衣足食，你们将拥有富饶的城镇和乡村，你们将拥有美好的前景。为了你们美好的生活，鼓起你们的勇气吧！"

拿破仑的演讲激励了那些原本身心俱疲的士兵。最后，他们在统帅的带领下，终于一鼓作气攻进了意大利。《拿破仑》一书的作者雷特伊评论道："正是他的说话魅力，成就了他伟大的事业。"

我们知道，人们做一件事情——无论他有多么高尚——总是为了达到自己的某种目的。这可以说是常识性的知识了。奥福斯教授在《影响人类行为》一书中写道："行动，总是由一定的基本欲望而引起的……不管是在商界、家庭、学校还是在政治界，那些能够引起别人渴求的人，才真正是不败的高手。"我们看到，拿破仑正是因为抓住了士兵们的心理需求，才能发表富有煽动性的演讲，从而在那么困窘的条件下建立战功。

那么，一个人究竟需要什么呢？美国学识最渊博的哲学家之一约翰·杜威认为，人性本质中最深远的驱动力就是"希望具有重要性"，但是这显然还不够全面。一般来说，大多数人都希望拥有以下这些东西：

(1) 健康

(2) 食物

(3) 睡眠

(4) 金钱以及用金钱可以买来的东西

(5) 未来生活的保障

(6) 性满足

(7) 儿女的幸福

(8) 被人重视的感觉

能够让人做一件事情的办法，就是满足他想要的那种需求。这个道理非常简单，甚至简单到人们容易忽视的地步。据统计，在我们这个号称发达的时代，有90%的人在90%的时间里忽视了它的作用。

用来证明的事例不难找到。下面这件事能够突出地反映出人们对这种常识的忽视。这是广播公司发给无线电代理商的一封信，而括号里的文字则是一位叫布兰德的部门经理读信时的感受：

"亲爱的布兰德先生：

我们公司希望能够继续保持无线电行业内广告业务的绝对领导地位。"

（你们公司跟我有什么关系？我自己的事情都忙不完：作为抵押，银行正准备没收我的房子；昨天股票大跌，我损失惨重；我的花草被害虫吃得只剩下几根主茎；早上我误了火车，上班迟到了30分钟；我的头皮现在还在发痒，医生说我血压高、有皮炎、头屑多，好像我全身没有一处好的器官。天知道接下来还会发生什么倒霉的事情。一大清早就读到这样的信，简直倒霉透了。这个家伙还在向我絮叨他的破公司，滚他的吧！如果他知道这封信带给我的印象，他肯定会离开广告界，改行去卖消毒液了。这样我就不会读到这样让我烦心的信了。）

"本公司的客户是无线电台。我们每年的营业额是全行业首屈一指的。"

（高高在上，不可一世。那又怎么样呢？你的公司有多大关我什么事？即使你把全世界联合起来了，我也不会管的，我只管自己有多大。你们公司非常大、非常成功，可是，就我自己而言，你们公司简直太渺小了。）

"我们希望把有关无线电台的最新消息及时提供给我们的客户。"

（你们希望！你们希望！你这个不知深浅的家伙。你有什么希望关我什么事呢？我告诉你吧：像你一样，我只对自己感兴趣！但是你却只字不提"您的希望"。）

"你应该把本公司当作优先对象。"

（我"应该"？我应该怎么做用得着你来告诉我吗？你以为你是谁？

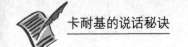

你自吹自擂，让我把你作为"优先对象"，居然连一个"请"字都不说。)

"立即回信。告诉我你们最近都有哪些活动，这样对双方都有好处。"

(愚蠢的家伙！这样一封丝毫没有礼貌的复写的信件，就想让我在担心我的房子会被抵押的时候给你写信？真有意思。我们做了什么，用得着告诉你吗？你说说，这样做对我有什么好处？)

你会指责布兰德自私吗？即使是这样，其实我们每个人也都跟他一样。问题的关键在于，这家广播公司发出的这封信——我们知道，都是一样的内容——会收到多大的效果，这是我们可以预料到的。他们在写信的时候没有考虑读者的心理，从不去想别人想要的是什么，而只是大谈特谈自己想要什么。每个读者的心理跟这位布兰德应该都是差不多的。

作家欧文说过："能够设身处地地为他人着想、了解他人的心理，这样的人不必在意自己的前途，因为他们是不会没有前途的。"这句话的确不错。社会交际学上也有一句名言与此对应：先满足别人的需求，然后才能满足自己的需求。

幼儿园的那些老师应该是我们学习的榜样。我曾经在幼儿园开学的时候去过一次幼儿园，成百上千的孩子随着父母前来，再加上孩子的哭声，整个场面显得十分混乱。当时我感到头皮发麻，但是那些老师却镇定自若。我曾经问过一个幼教是怎么处理这些问题的，她说："这一点都不难啊！"

她的回答让我吃惊。如果换作是我，我会认为这简直是天底下最难做的事情了。于是我问她："对于那些初来的孩子，他们总是有很多麻烦事，比如大小便、哭哭啼啼、害怕等等。你们是怎么应付的呢？"

"只要你知道了他们的心理，知道他们需要什么、对什么感兴趣，这些就都不是问题了。"那位老师回答道。

这位老师接着告诉我，孩子们经常需要家长陪同来上课，但是如果老师说："约翰，你看玛丽都不需要妈妈陪同了，你让妈妈留在家里，给你做最好吃的午餐怎么样？"这样，小约翰多半就会主动要求不再让妈妈陪同来上课了。而应付那些爱哭的孩子，老师会说："杰克，你看大家都没有哭，就你一个人在哭了。等一会儿，我会给那些不哭的孩子发一块好吃的蛋糕。"那个孩子会马上停止哭声。

同样的道理对大人当然也很适用。律师威廉·埃米尔就因此而得到过"意外之财"。那是他头一次陪着自己的妻子去长岛看她的姑妈，妻子有事离开了，剩下埃米尔一个人陪着姑妈聊天。因为他看到独处的姑妈实在没有多少快乐可言，于是就想办法使她高兴起来。

"你的这座房子非常古雅，"埃米尔说，"是不是建于 1890 年前后？"

"是的，"姑妈回答说，"正是那一年建造的。"

"拉苏尔以前就经常跟我描述你的房子，我开始还很怀疑，现在我却一点儿都不怀疑了。现在已经没有房子像这座房子这么漂亮了。它的设计结构简直太完美了！它让我想起了我的老家。"

"是啊，"姑妈说，"不过，现在的年轻人并不关心这些，他们只需要冰箱和汽车。"

埃米尔请求姑妈给他讲一讲这座房子的历史，因为人往往在谈论自己往事的时候最快乐。果然，姑妈同意了。她很高兴地告诉他：这座房子是她和丈夫亲自设计的，然后用了很多年的时间才建造完成，而它也见证了他们的爱情，凝聚了他们的理想和希望。

姑妈然后领着他参观了这座房子的很多古老的房间以及各种器具，埃米尔表示了自己由衷的赞叹和惊喜。最后，他们来到了车库，埃米尔看到了一辆全新的凯迪拉克轿车。

"这部车是我丈夫去世前不久买的，"姑妈说，"在他死后，我再也没有开过它。现在，我打算把它送给你。"

这让埃米尔感到十分意外，他并不想接受这么贵重的礼物，况且他也没做什么。他建议她把这部车留给她的直系亲属，他们一定会喜欢的。

"当然，"姑妈激动地说，"他们当然会喜欢。他们巴不得我马上死去，然后开走这辆轿车。可是，他们是不会得逞的。"

"这样……"埃米尔为难地说，"你也可以把这部车卖给旧车市场。"

"决不!"姑妈喊了起来,"我决不会卖掉它的。我无法想象一个陌生人坐在我丈夫的车上,开着车到处乱跑的情形。况且,我要钱做什么呢?你是一个懂得欣赏的人,我才会把它送给你。"

埃米尔无法再拒绝姑妈的好意,因为这会让她伤心。

我们可以想象,一个住在古老的房子里的老太太,她心里最需要的是什么?她的精美的房子、贵重的文物,这些东西代表着她的过去。如果有人对她赞美和欣赏,就表示了对她的过去的赞美和欣赏,而这正是一个人最想要得到的东西。也许在她看来,只送给埃米尔一辆汽车还不足以表达她的感激之情。这一切,只不过是因为埃米尔满足了她的心理需求——即使他并不想得到什么。

斯通就是通过这种方法创办了芝加哥《每日快讯》,并且赢得了许多读者的。他把该报的读者按照收入的多少分为4个层次,在每个层次中选择了4000个读者,针对他们进行了详细而深入的调查。他对他们所感兴趣的、所希望的以及对该报的态度、建议和批评等,都进行了详细而深入的分析和总结。通过这样的研究,他对这些读者需要什么、

满足对方的心理需求

⊙了解对方,了解他有什么需求,然后,尽量满足他的需求。

⊙不要以为满足对方的心理需求需要做出多大的牺牲,好像自己会丢掉什么东西一样。正如我们知道的那样,在我们给予他们这些东西之前,这些东西是没有丝毫价值的。

⊙当然,我们不能无原则地去满足他人的心理需求。我的意思是说,我们不能对一个无法赞美他英俊的人说他英俊,如此等等。这样做会给我们带来麻烦。

⊙如果可能的话,多读一些心理学方面的书,这样会使你更加详细地了解人的心理需求。

对什么感兴趣都有了一个十分全面而深入的了解，并将其用来指导办报。这正是这份报纸的成功秘诀。

《波士顿报》的创办者格鲁吉也是运用同样的方法让报纸的发行量与日俱增的。他在创办自己的报纸之前，只是一个默默无闻的记者。报纸创办之初，他每天都到人群中去闲逛——要么叼一支雪茄听大家讲各种事情，要么跟别人聊天。他通过这种方式知道了读者们感兴趣的事情，了解了他们的需要。这些东西对一份报纸甚至对整个商业运作而言，都是极为重要的。

戏剧化地说出自己的想法

几年前，有人恶意地攻击《费城晚报》，指责其刊登的广告太多、新闻太少，完全没有可读性，并且劝晚报的读者以后不要再继续买晚报了。

对这样的问题当然必须做出反应，不然的话，晚报的声誉将会受到极大的损害。可问题在于，应该如何反击才会取得很好的效果呢？一般的做法是写文章反驳这种观点或者登声明澄清此事，较激进一点的做法是诉诸法律。但是对人们而言，这些方法丝毫不能引起他们的注意。

《费城晚报》的做法是这样的：他们把以前每天刊登的各种新闻摘录下来分类整理，结集出版了一本书。这本名叫《一天》的书总共有307页，它的内容超过了一本售价2美元的书的内容，但是却只售2美分。这样一来，那些恶意的攻击自然不攻自破，因为，这本书的出版证明了《费城晚报》每天都有大量可读性强、价值高的新闻报道，而且也证明了营利不是它的唯一目的。这种富有戏剧性的做法，使得人们马上就恢复了对晚报的信赖，甚至比以前更加愿意购买晚报了。

好奇是人类的天性之一。如果你想要表现自己的意图，对他人进

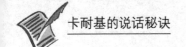

行说服，你可以戏剧性地表达自己的观点。这不但会使他更加乐于接受你的观点，而且也会使他的印象更加深刻。

戏剧性地表达自己的意思，在商业领域中应用极为广泛。这是因为，在商品经济时代，商业是最具竞争性的一个行业，人们需要借助最有效的方法来取得竞争的胜利。

在《商业中的表演》一书中，科德与考夫门介绍了许多富有商业戏剧性的表演方法，让人们感到，这些商家真是绞尽脑汁在销售他们的产品。我们在这本书里可以看到：伊莱克斯的销售员们在顾客的耳朵边擦燃火柴，用这种声音跟冰箱噪音相比较，从而证明他们的冰箱噪音是最低的；一顶本来只卖 1.95 美元的帽子，因为签上了明星的名字而受到人们的追捧；推销员在销售证券的时候，并不是只拿着一张证券向人们拼命地兜售，而是拿着两张不同的证券，并且告诉人们，两张证券在 5 年前都是 1000 美元，但是他所销售的那张却比 5 年前高出许多，而另外那张却是跌入谷底的。

米老鼠的名字曾经挽救了一家濒临倒闭的公司，这已经不是什么新闻了；一盏吸顶灯的意外脱落，使糖果交易会上的一家展销商的糖果销量增加了一倍；克莱斯勒让一头大象站在他的汽车上，以此来证明汽车的牢固性和坚实程度，结果，果然收到了很好的效果。

不论你是否承认，我们这个社会是一个戏剧化的社会。我们常常有这样的感觉：吸引我们的东西太多了，我们往往不知道该把自己的目光投向何处。所以，仅仅靠语言述说已经不能使别人同意我们的看法，甚至于连吸引他们的目光都变得十分困难。因此，我们必须寻求一种更加生动、更加富有戏剧性的行动或语言来吸引人们，进而达到说服他们的目的。

美国一家生产"美的思"牌透明丝袜的公司就是因为一则轰动性的广告，使他们的丝袜迅速走红，最后成了世界名牌的。让我们来看看这则广告有什么高明之处。

电视上出现了一双穿着长筒女丝袜的美腿。然后，一个很动听的女性声音响起来："让我们来证明，'美的思'丝袜可以使任何形状的腿都变得非常美丽，它是美国一流的女性用品。"

镜头往上移——这是一个十分缓慢的过程。观众顺着镜头往上看，猜想拥有如此美腿的是怎样一位美丽的女子或者是哪位迷人的女明星。

但是结果却出人意料，拥有这双美腿的原来是一位著名的男性棒球运动员。那位棒球明星笑容可掬地对观众们说道："我当然并不穿长筒丝袜，但是我想，'美的思'丝袜既然可以使我这样一双变形的腿变得如此漂亮，相信也一定能够使女性的腿变得更加美丽吧！"

我们可以想象一下，如果这则广告换成是一个妇女穿着"美的思"丝袜的话，会不会收到这么好的效果呢？或者，只凭着一般的广告，会不会说服人们相信"美的思"丝袜的作用确实非常明显呢？

杰姆·伊莫斯是一家公司的收款机推销员。一天，当他在一家规模不大的杂货店推销时，他发现这个店里的收款机已经非常陈旧了。看得出来，老板是个吝啬的家伙，并不是那种可以轻易被说服的人。于是，伊莫斯灵机一动，把手里的硬币往地上一扔，然后对老板说："你每次在收款时，都会像这样直接把钱丢在地上的。"这个戏剧性的动作和语言吸引了老板的注意力，他最后终于决定换掉店里的全部收款机。

戏剧化的表现——包括行为和语言——不仅适合于商业运作，如果你并不从事商业，你也可以把这种方法用于工作和生活的很多方面。

逢德先生的可爱却很调皮的儿子和女儿，经常把他们喜爱的玩具丢得到处都是，等到想要玩的时候，又总是找不着。逢德先生已经跟他们说过很多遍，要求他们改变这个习惯，可是他们就是不听。有一次，逢德先生制作了一辆"火车"——把儿子的三轮车当火车头，女儿的篷车接在后面当货车。当晚上儿子驾驶火车头在室内绕行的时候，女儿就把丢在地上的玩具当作货物，并全部装进货车。从此以后，他们也慢慢地养成了新的习惯。

以前，男人们在向心爱的女子求婚的时候，往往不仅说一些山盟海誓的话，而且配合自己的动作——正像我们在电视里看到的那样——

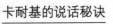

单膝跪地，以表达自己的诚意。这种招式虽然古老，但是却非常有效。现在，男人们虽然不再单膝跪地了，但是在求婚之前一般都会做一些事情，以营造一个浓重而有情调的氛围，然后再向女子求婚。

玛丽小姐最近在工作中遇到了一些问题，她很想找老板谈谈。但是老板却一直没有时间，所以把约见她的时间一直往后推。玛丽认为这些问题应该尽早得以解决，于是就采取了一个戏剧性的办法。她给老板写了一封信，在信里详细地说明了这些问题的重要性，并且附上了一个写有自己名字的回信信封和一张回复单。她在回复单上这么写道：

玛丽小姐：

拟定于 __ 月 __ 日 __ 点抽出 __ 分钟与你面谈。

这一做法确实很有效果，第二天玛丽就收到了老板的回信。他们约好谈 10 分钟，结果却谈了 1 个小时，直到把问题彻底解决。

《美国周刊》的詹姆斯·伯顿花了很大的心血做好了关于润肤霜的调查报告，却遭到了他的客户——一家化妆品公司的全盘否定。对方的广告部经理声称这个调查报告不符合他们公司的要求，需要重新确定一个

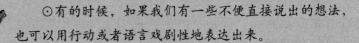
戏剧性地表达自己的想法

⊙有的时候，如果我们有一些不便直接说出的想法，也可以用行动或者语言戏剧性地表达出来。

⊙我们相信，每个人都是出色的戏剧家，只是要看不同的方面而已。千万不要怀疑自己戏剧性地表达意见的能力。

⊙戏剧性地表达自己的想法，要求有一定的夸张，但是却不能过于夸张，因为这样容易使你看起来像一个小丑。人们往往会在笑或者欣赏你的戏剧表演的同时忘记你所想要表达的意思。

⊙戏剧性地表达自己的想法主要有两个目的，即想办法吸引人和用夸张的方法说服人。

调查方法进行调查。他对伯顿大喊大叫，而伯顿也不甘示弱，竭尽全力为自己辩护。最后，伯顿看起来似乎占了上风，但是谈话却没有任何效果。

当伯顿第二次去见那位经理的时候，他戏剧性地把自己调查的事实展现了出来。他把自己带去的手提箱打开，让那里面的 32 瓶不同品种的知名品牌润肤霜展现在经理面前。而这些润肤霜的瓶子上都标有调查的结果，简明扼要地说明了它们的历史和现状。这是一种全新的报告形式，巧妙地避免了无谓的争论。经理一瓶一瓶地拿起那些润肤霜仔细地看，并不时地问一些问题。他看起来很感兴趣，本来约定的谈话时间是 10 分钟，但是这次谈话却持续了 1 个小时。因此，虽然这次的调查报告跟上次一模一样，但是由于这次采取了戏剧性的表达方式，因此效果截然不同。

我们可以看到，如果你在表达自己想法的时候，采取了戏剧性的表达方法，那么一定会取得非常好的效果。

假如是自己错了就赶快承认

如果你是对的，你要温和地、巧妙地取得别人的同意；当你意识到自己是错误的时，你应该当即真诚地承认自己的错误。

我经常带着我的波士顿哈巴狗——我把它叫作里克斯——到离我家不远的森林公园散步。由于里克斯性格很温和，而且公园里一般很少有人，所以我通常不给它拴狗链和戴口罩。

一天，像往常一样，我正跟里克斯享受公园里清新的空气和怡人的景致，却碰到了一个警察。这老兄好像急于建立自己的权威，他对我大声说："先生，你为什么不给你的狗系上皮带或者戴上口罩呢？你不知道这是违法的吗？"

"我知道，先生，"我对他说，"可是我想它是不会对别人造成伤害的。"

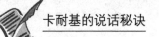

"你想不会?! 法律可不管你怎么想! 这只狗也许会伤害松鼠，也许会吓到孩子。这次就算了，如果下次再看到你这样的话，你就得去跟法官解释了。"

我答应了他。但是当我试了几次之后就放弃了，因为我发现里克斯不大喜欢被拴起来或者戴上口罩。我决定碰碰运气，我想也许不是那么容易再碰到那位警察先生的。但是不幸的是，一天下午，当我和里克斯越过一个小山丘的时候，我们再次碰到了他。

"警官先生，"我决定先发制人，于是说，"你上次已经警告过我了。这次我不想给自己找借口，因为我确实违了法。请你处罚我吧!"

"是的，是的。"出乎意料的是，警察却用柔和的口气说，"不过，我知道在这周围没有人的时候，谁都忍不住会带这样一只可爱的小狗出来散步的。"

"不错，"我说，"可是，这毕竟是违法的。"

"这样一只可爱的小狗，怎么会伤人呢?"警察看着里克斯，好像在替我辩解。

"但它也许会伤害松鼠，或者吓到小孩。"我说。

"哦，不，"警察说，"你太认真了。让我告诉你该怎么办吧! 你只要带着你可爱的小狗越过这个山丘，我就将看不到你们。我想我会很快忘记这件事的。"

可以理解，这位警察先生希望受到尊重，所以在第一次的时候，态度十分强硬，但是第二次当我主动承认错误的时候，他由于得到了尊重，就采取了宽容的态度。但假如我还在为自己辩护的话，结果会怎么样呢? 你想象一下与一个警察辩论的情形吧!

我没有和他正面辩论，而是毫不犹豫地承认他是绝对正确的，我是绝对错误的。我站在他的立场说话，而他也反过来开始为我说话。这件事就这样在平和的气氛中处理了。这位警察显得是如此的宽厚仁慈，而就在一个星期以前，他还曾以法律的惩罚来威吓我呢!

所以，当我们知道自己犯了错误免不了要受到惩罚的时候，为什么不主动地承认自己的错误呢？自己责备自己，不是比受别人的斥责要好受一些吗？要是你知道别人可能正想把你的错误指出来，你为何不在他说出来之前以攻为守，自己把他要说的话说出来呢？因为这样的话，他很有可能会原谅你的——就像那位宽厚仁慈的警察先生一样。

在社会交往中，如果我们拒绝承认自己的错误，这样做的后果是什么？那就是不可避免地导致人与人之间失去信任。在这种情况下，如果你想说服别人做什么事情或者同意你的意见，别人会说——即使口头不说出来——"你连自己犯的错误都不承认，有什么资格来要求别人呢？"

费狄南·华伦是一位商业艺术家，他曾讲过这么一个故事：

"我们公司的美术编辑要求将他们交代的工作马上做好，在这种情况下出现细小的错误当然是在所难免的。而有位美术主管，总是喜欢鸡蛋里挑骨头。我每次离开他的办公室时，总会感到不舒服。这并不是因为他批评了我，而是因为他攻击我的方法有问题。最近，我交了一份十分急的画稿给他，之后他打电话叫我立刻赶到他的办公室，说是出了问题。

"当我赶到那里时，他开始责问我为什么会犯那样的错误。他看起来很得意，因为终于有了挑我毛病的机会。而我一改往日的态度，对他说：'主任，如果你说的是真的，那么我真的错了。我十分惭愧我会有这样的过失，而对这些过失，我决不想推脱。我为你作画这么多年，应该知道怎么做更好些才对。'

"果然，不出我所料，他立刻开始为我辩护了，说这其实也不是很严重的错误。我坚持说：'无论什么样的错误，我都必须为此付出代价，否则会让人觉得讨厌。'

"我并没有给他机会让他插嘴。我有生以来第一次批评自己，我发现自己喜欢这么做。

"我继续对他说：'我今后会更小心些，你给了我许多机会，我应该尽力做到最好才是。我打算重画一次。'

"'不！不！'他急切地表示反对，'完全没有必要。'接着，他称赞

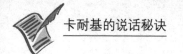

承认自己的错误

⊙不要试图掩饰自己的错误，这样并不能带给你任何好处。相反，当你的错误被人们发现的时候，你将会失去许多人的信任。

⊙承认自己的错误并不比掩饰自己的错误难。可能很少有人真正想到真诚的性格有多么大的说服力。

⊙承认自己的错误可以帮助你说服他人，因为这会使他以你为榜样。

⊙不要固执己见地认为你的看法就一定是对的。一旦你发觉自己错了的话，首先要做的就是赶快承认这一点。

了我的作品，并且对我说他只不过是想做个小小的改动而已，这点儿小错没什么大不了的。这毕竟是小节，不值得担心。

"我真诚地自我批评，使他怒气全消。最后，他还特地请我吃了午饭，给了我一张支票，并交给我另外一项工作任务。"

一般情况下，人们总是会为自己的错误辩护，这好像是一种发自本能的举动。但是如果你打算获得别人的谅解，给人以谦逊和高尚的印象，你就必须勇于承认自己的错误。辩护只会增加你的错误，而不会解决任何实际问题。

作家艾伯·赫巴的讽刺性文字常引起人们的反感，为此他经常收到一些愤怒的读者写给他的信，表示不能同意他的某一篇文章的观点。他们为了表示愤怒，经常在信的末尾把赫巴臭骂一顿。看了信后，赫巴通常会这么写道：

"仔细想想，我也觉得自己的意见不大妥当，我甚至连昨天写的东西都觉得不满意。非常高兴你能告诉我你的看法。我希望我能当面和你进行交流，那将是我莫大的荣幸。

赫巴谨上"

当你收到这样一封言辞恳切的信的时候，难道你还会大发脾气吗？当然不会。事实证明，在许多情况下，这样做要远远胜过你为自己辩护。

他们家。

获取对方的信任

一次，我受一家公司的委托，请我的一位学者朋友给他们帮忙。一开始事情看起来似乎进展得很顺利，但是在就要开始工作的前几天，公司的有关负责人打电话给我，说不知道什么原因这位学者突然不愿意为他们公司工作了。公司方面对他进行了百般劝说，答应宽限上岗日期、减少工作时间、增加工资等，他却一直拒不接受。

我决定弄清楚究竟是什么原因使这位学者改变了态度，于是就和那位负责人一起去拜访了他。他见到我后依旧十分热情，并且跟我谈起了许多事情。我相信这些东西跟这件事情本身都没有什么联系。

后来，我直接问他为什么会拒绝为这个公司服务。他说了一些理由，但是其中我认为最重要的是：他担心公司方面是否能履行合同，以及与公司配合得不够默契等。

听到这里，我觉得继续对他进行说服已经没有什么作用了，因此便告辞了。在回家的路上，我对那位负责人说："我不知道为什么他会对你们公司产生这种感觉，但是你们必须要做的事情是，让他对你们信任起来。在此之前，任何工作都将无济于事。"

第二天，那位公司负责人打电话给我，说那位学者已经改变了态度。原来，他在离开学者的家后又回到了学者家的门口，并且拦了一辆出租车等待这位学者，之后送他上飞机。这种真诚的态度赢得了学者的信任。另外，负责人还利用空闲时间，向学者说明他们愿意提前履行合同中公司的义务。这使得学者答应回来后立即上班。

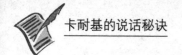

赢得他人的信任

⊙信任实际上是人们进行交往的基本前提。如果没有信任，即使人们在互相谈话，也称不上是真正的沟通。

⊙信任并不是一开始就有的，它需要人们努力去建立。

⊙当你不知道对方为什么拒绝你的说服时，你应该考虑到对方可能对你有强烈的不信任感。

⊙不信任会导致莫名其妙的猜想。对方会对你所说的东西产生疑问，即使你明白无误地表达出来了，他仍然会生出不同的理解来。

我们并不能责备这位学者出尔反尔或者太势利，因为这本来就是一个十分复杂的社会。各种各样的人、各种各样的事，真相、假象，真诚的、虚伪的，都在这个世界上非常积极地活动。人与人之间已经不再是单纯的相互合作的关系，而是加入了相互竞争、相互欺诈的成分。因此，不信任感在人们的心里始终占据着一席之地。

当林肯在 1858 年竞选美国上议院议员时，他需要到伊利诺伊州南部的一些地方演说，以赢取那里的选票。但是要达到这个目的却困难之极——那些地方的人们对他极不信任，甚至有敌对的心理。

这是因为，林肯是一个废奴主义者，而那些地方的农场主却拥有大量的黑奴，他们自然不会喜欢林肯当选。这种政见和利益的对立是十分尖锐的。他们甚至扬言，只要林肯一来，他们就会立即把他杀死——这些野蛮的当地人即使在公共场合也腰挂短枪、身带利刃。

面临如此巨大的危险，我们可以想象林肯在作决定时需要多么大的勇气。结果是，这些威胁并没有阻止林肯前进的步伐，他说："给我几分钟，我就能说服他们。"

在演说之前，林肯与当地的几位重要的首领一一握手，然后开始了他的演说：

"伊利诺伊的朋友们，肯塔基的朋友们，密苏里的朋友们！我来之前就听说过一个谣言，说你们中间有些人要跟我作对——如果有的话，那么这些人一定就坐在下面吧？但我不相信这是真的，因为你们没有理由这么做；因为我也像你们一样，是从艰苦的乡村中艰难地爬出来的，是一个爽快而直率的平民。那么，为什么我不能和你们一样发表自己的意见呢？朋友们！我了解你们比你们了解我要多得多！你们将来会知道，我是怎么样的一个人。我并不想跟你们作对，所以，你们也绝不会跟我作对的。现在，我站在这里，我们就已经成为朋友。我相信你们会愿意交我这个朋友的，因为我是一个谦和的人。我诚恳地要求你们给我说几句话的时间。你们——勇敢而豪爽的人们，一定不会拒绝我这个朋友的这个小小的要求的。那么现在，就让我们开诚布公地讨论一下严重的问题吧！"

听完林肯的这段话之后，原本愤怒的人们开始为他喝彩。结果是，这里的大部分人后来成了林肯的朋友——他们开始终生信任他。也正是这些人，后来帮助他成了美国的总统。

由不信任到信任的差别如此之大，这正是林肯所意识到的。所以，他极力向这些人说明他和他们之间没有不可逾越的鸿沟，说明他和他们是朋友。所幸的是，林肯做到了这一点。

我们无法想象一个对我们心怀戒备的人会听从我们的建议，有时候，这让我们不知所措。究竟怎么样才能取得别人的信任，从而让他们听从我们的劝说呢？

当你为这个问题苦恼的时候，不妨翻一翻本书的前面一些章节。实际上，虽然我并没有直接指出来，但是有说话和沟通的方法已经能够帮助你取得别人的信任了。比如，我们认为，微笑是最简单、最有效的与人沟通的方法。这个方法也能够帮助你取得别人的信任，因为这会让你看起来更加真诚。

同样地，我们勇敢地承认自己所犯的错误，这也能够使自己得到别人的信任，因为这表明你很诚实。

巧妙地控制话题

胡佛总统的沉默寡言让许多记者都望而却步，想让话从他的嘴巴说出来，简直比登天还要难。但是，一个芝加哥记者却轻易地做到了这一点，而且使胡佛总统谈了两个多小时。

那时候，胡佛是共和党的总统候选人。年轻的记者里尼提偶然地跟他坐同一辆列车，并得到了采访他的机会。一开始，当里尼提询问一些问题的时候，胡佛总是简单地回答"是"或"不是"，然后就长久地陷入沉思。里尼提觉得很尴尬，虽然他早就知道胡佛的习惯了。他不得不一边问问题，一边想办法解决这种状况。当火车经过贫穷而荒凉的内华达州时，里尼提突然想到了一个很好的话题。他望着窗外，好像是自言自语地说："在这个地方，人们应该还是用那种古老的方法来采矿的吧？"

这时候，胡佛马上说道："早就不用那种方法了，现在全国都在采用最新的采矿方法。"

接着，胡佛的话匣子好像是被打开了一样，他滔滔不绝地谈了起来，从采矿到石油，从航空到邮政……当时，那些跟胡佛同坐一列火车的人都是有名望的人，但是胡佛对他们都不理不睬，却偏偏跟里尼提讲了两个多小时。

里尼提本来是一个默默无闻的记者，但是却因为跟胡佛总统聊了一个合适的话题，使自己成为和胡佛总统话谈得最长的记者。看来，话题对谈话确实起着至关重要的作用。如果没有找到合适的话题，不难想象，谈话的结果一定不会很理想。

一位图书推销员敲开一户人家的门，对一个太太说："太太，我们的图书质量非常好，装帧也非常精美，您看有没有需要呢？"

在大部分情况下，这位推销员得到的回答是："不需要！"然后门会被关上。看得出来，这样的推销员不是出色的推销员。如果是一位出色的推销员，他会更加懂得推销时的说话艺术。让我们来推测一下一位优秀的推销员的推销情况：

推销员：太太，早上好！你家的孩子都上学去了吗？

某太太：是的。

推销员：你的孩子上几年级了？

某太太：大的五年级，小的二年级。

推销员：他们一定都很聪明吧？

某太太：是的，当然。

推销员：他们平时喜欢看书吗？

某太太：有时候看。

推销员：太棒了！我想我这里有些书他们可能会喜欢……

我们可以想象，这位推销员成功的概率应该是非常高的。为什么？因为他掌握了很好的推销艺术，并且在谈话过程中很好地控制了话题。

有效地控制话题，对说服一个人来说的确十分重要。苏格拉底以擅长言辞而著称于世，他创立的问答法至今有着经久不衰的魅力，成为谈话的一种经典方式。问答法的核心内容是，我们在与人谈话的时候，如果想要说服对方，当不可避免地要面临一些有分歧的话题的时候，我们需要就这个话题的共同点（相对于分歧）对话题进行控制，一步一步地使对方做出肯定的回答。这样，就可以使谈话朝着对我们有利的方向发展。

卡尔是一家汽车公司的推销员，下面是他与客户的一次谈话。

卡尔：你好，你有兴趣看一看我们公司推出的吨位为4吨的汽车吗？

客户：实际上我们已经有一辆2吨的汽车了，而且这更加适合我们。

卡尔：嗯，至少就目前而言，2吨的汽车确实比4吨的更加划算些，是吗？

客户：的确如此。

卡尔：我是否可以知道，你需要的汽车的平均载重量是多少呢？

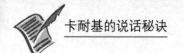

控制话题

⊙使你所有的话都变成有效的话题，它或者为你将要讲的话做铺垫，或者代替你要讲的话，却能达到一样的目的。

⊙控制讲话的主动权，不能让谈话失去方向，这样才能达到自己想要的效果。

⊙说服他人，而不被他人说服，最重要的是掌握谈话的主动权。

⊙问答法可能算是曲径通幽的一种方法。通过曲折地迂回，使对方顺着你的思路进行思考，往往会收到事半功倍的效果。

客户：2 吨。

卡尔：这是个平均数吗？

客户：是平均数。

卡尔：嗯，也就是说，你有可能用它来运超过 2 吨的货物，是吗？

客户：是的。

卡尔：如果装着超过两个吨位的货物在丘陵地区行驶，你的汽车承受的压力比正常的情况要大，是吗？

客户：的确如此，而且这很正常，因为我们经常在丘陵地区行驶。

卡尔：据我所知，冬天一般是汽车运营的旺季，是这样吗？

客户：是的。夏天一般生意很清淡，冬天却经常超载。

卡尔：不幸的是，丘陵地区的冬天一般都特别长。

客户：是的。

卡尔：那么，也就是说，你的汽车经常处于超负荷状态了？

客户：是这么回事。

卡尔：这自然会影响它的寿命，你说呢？

客户：是的。

卡尔：那么，你会不会觉得，如果你拥有两辆汽车，让4吨的汽车在旺季的时候运营，而让2吨的汽车在淡季运营，两辆汽车的使用寿命是不是都会延长呢？

客户：好像是那么回事。

就这样，卡尔随后得到了一个订单。一开始客户看起来好像并不需要购买汽车，因为他已经有一辆了，但是卡尔巧妙地运用了说服技巧，让谈话朝着对他有利的方向发展，最后终于取得了成功。这就是控制了话题的巨大作用。

促使对方主动与自己合作

当我们需要说服别人跟我们合作的时候，我们为什么不用另外一种看起来更加轻松的方法？也就是说，为什么不让对方主动跟自己合作？事实上，只要你抓住了对方的心理，就不难做到这一点。

布鲁克林的一位小学教师露丝在开学的头一天发现全校最有名的"坏孩子"汤姆被分配到了自己的班上。汤姆的"名声"的广泛传播，在很大程度上是由于他上个学期的任课老师的不断讲述。他与男生打架、捉弄女生、冒犯老师，以这些行为为乐，并且行为的性质越来越恶劣。他唯一的优点是功课似乎还过得去。

露丝并不打算为这样的困难而烦恼。实际上，当每个学生走进教室的时候，她都会对他们进行赞美："罗拉，你的裙子真漂亮。""亚里克斯，你的头发梳得真好。""约翰，听说你的画画得很棒。"……当轮到汤姆的时候，露丝真诚地看着他的眼睛，并且对他说："汤姆，你的领导才能很棒。我需要你的帮助，我决定任命你为我们班的班长。我相信你能带领大家一起努力，把我们班变成全校最好的班级。"在接下来的几天里，她不断地对汤姆强调他的才能，并且夸奖他所做的一切。

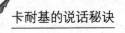

果然，汤姆非常注意自己的表现，试图证明自己是一个当之无愧的班长。最后，他真的变成一个好学生了。

这样的例子屡见不鲜。如果你想要别人变成你希望的那样，你不妨先设定他已经做到了这一点。这就是激励的作用。同样地，当你想要对方满足你的要求的时候，你最好先满足对方的要求。这也会使对方主动与你合作。

美国一位杰出的企业家维恩·朗经历了一件使他印象十分深刻的事情，正是这件事情使他得出了跟我一样的结论。一天晚上，他4岁的小孙子乔丹到他们夫妇家过了一晚。当第二天早上起来的时候，乔丹发现维恩先生在打开电视看新闻的同时却在读报纸。于是乔丹对维恩说道：

"爷爷，要不要先关掉电视？这样的话，你可以专心读报。"

维恩知道乔丹实际上是很想看卡通片，于是对他说："可以关掉，你也可以看自己想看的节目。"

果然，他马上找到了遥控器，转到了卡通片频道。

这个男孩虽然只有4岁，却会这么想："爷爷想要的是什么？我应该怎么做才会得到我想要的？"这样，当你满足了对方的要求的时候，对方一定会反过来为你做些什么的。

由此，我想更进一步说明，使别人主动跟自己合作的最基本的前提，

让对方主动跟你合作

⊙真心地喜欢对方，发自内心地关心对方，这会使别人主动为你考虑。

⊙当别人犯了错误的时候，在指出他的错误的同时，要注意维护对方的自尊，这会让别人主动改正自己的错误。

⊙让别人喜欢你，这是让别人主动跟你合作的一个基本的前提，只有你取悦对方，对方才会主动地取悦于你。

就是发自内心地关心别人。当然，我并不是说，那些技巧或方法都是不必要的。这只是从不同的角度来考虑问题罢了。

霍华德·塞斯德是全美有名的魔术表演家。他的魔术表演倾倒了数千万的观众——我这样说，并非夸大。据统计，40年来，至少有6000万人欣赏过他的魔术表演，而他也因此得到了不下200万美元的收入。

他并没有受过很好的教育。因为生计问题，很小的时候他就离开家乡，到各地流浪。他靠乞讨来的食物使自己不至于饿死，夜里有时候就睡在草地上，冬天则躲在别人的货车厢里御寒。

这样的人为什么会取得如此惊人的成就呢？这并不是因为他懂的魔术知识比别人多，也不是因为他有什么过人的天分。我曾经分析过他成功的原因，大致有以下两条：第一，他能够在舞台上展现自己的个性，能够使表演做到天衣无缝，而这是他努力的结果；第二，更加重要的是，他是发自内心地喜欢台下的观众——或者正是幼年的流浪生涯使他更加深爱着人们。他从不像一般的魔术表演家一样，在心里说："你们就是一群笨蛋，我只要略施技巧，就可以把你们耍得团团转。"——他从不这么想。他所想的是："我深爱我的观众，正是他们让我变得衣食无忧，让我能够继续体面地活下去。我要拿出我的全部技巧，尽力使他们感到愉快。我永远感激他们！我永远爱他们！"

正是这样一种强烈的感情使他真心诚意地关心人们，给人们带来快乐；而观众自然也替他着想，更加愿意看他的表演。

在银行工作的查尔斯·瓦特想要从一家公司的经理那里得到另一家公司的业务情况的资料，于是他拜访了那位经理。瓦特坐下之后，正打算说明来意，就被一位年轻的小姐打断了。她探头进来告诉经理说："今天没有什么好邮票。"

经理向瓦特表示了歉意，并且对他解释说："我那12岁的儿子非常喜欢集邮。"

瓦特并没有留意这件事，他匆匆地说明了来意，恳求经理提供一些信息。但是那位经理却含糊其辞，并没有成全他的美意。过了一会儿瓦特感到再谈也是浪费时间，于是就离开了。

这件事情让瓦特十分棘手，他不知道应该怎么做。他想了很久，终于想起了那位经理的儿子集邮的事，而他知道银行的国际部经常跟国外通信，有很多珍贵的邮票。

第二天，瓦特带着他搜集的邮票又去见了那位经理。当他把邮票拿出来并说明要把它们送给经理的时候，那位经理十分感动，脸上带着笑容，显出了只有在参加总统选举时才能见到的那份热情。他一张一张地看着瓦特送给他的邮票，一个劲儿地说这些邮票确实非常珍贵，他儿子一定会非常喜欢。

接下来的事情可以预料：那位经理把他掌握的所有资料都给了瓦特，还把一些信件、数字等原始资料也给了他，而那正是瓦特想要得到的几乎全部的资料。

因此，如果你打算说服别人，不妨采取一定的技巧，让对方主动跟你合作。

第八章

打造个人的

说话风格

　　当我们在演讲台上、宴会上、面试中、谈判桌上开始说话的时候，我们会因为掌握了高超的说话艺术而感到前所未有的放松、自信和满足。我们的每一个动作、神情，甚至每一个词句都展现了我们之所以是我们的那些东西——那些只属于我们自己的个性的东西。这时候的我们是独一无二的。

　　这是说话高手的必备特征。他们让自己说的每个词、每句话都带着他们自己的风格，形象鲜明地准确抵达对方的耳朵里，对方因此被深深地吸引。他们的声音与众不同、语调生动有趣、举止恰到好处……凡是与他们有关的东西都能够体现出他们的特色。

　　这就是说话高手的风格。对说话高手而言，只有这些风格才是真正有价值的。为了拥有自己的说话风格，你需要进行一系列重要的基础训练。

声音：一开口就与众不同

声音是你讲话内容的载体。你的声音反映出你的感觉、你的心情和现在的状态，是你说话中强有力的、必不可少的工具。当我们与听众交流思想的时候，要使用许多发音组织和身体的各个部分。我们会做出这样的动作：耸肩、挥动手臂、皱眉、提高音量、改变高低调门和音调，并且依据场合与题材变换语速，以发出不同的声音来。

需要注意的是，我所强调的是声音的效果而不是声音的产生，即物理品质。那些东西已经无法改变，而声音的效果则受到说话者的情绪、状态的影响，这就是我强调说话者必须要热情的原因之一。因此，你需要一开口就与众不同。

遗憾的是，随着年龄的增长，我们中的大多数人都会失去幼时的纯真和自然，在不知不觉中落入一定的、为我们所习惯的沟通模式中去。这使得我们的说话越来越没有生气，我们也越来越不会使用手势，并且不再抑扬顿挫地提高或放低声音。总之，我们正在逐渐失去我们真正交谈时的那种鲜活和自然。

我们也许已经养成了说话太快或太慢的习惯。同时，我们的用词一不小心就会非常散乱。我经常强调，你在说话的时候要自然，也许你会误以为可以胡乱地遣词造句，或以单调无聊的方式表达——只要你做到了自然。其实不然。我要求大家讲话自然，是要你把自己的意念完整地用词语表达出来。从另一个角度来说，说话高手绝不会认为自己无法再增加词汇，无法再运用想象和措辞，无法变化表达的形式和增强表达的效果。这些都是追求精益求精的人们所乐于去做的。

那么，如果你也想塑造自己的讲话风格，你最好注意一下自己的音量及音调的变化和说话速度。你可以把你说的话录下来，也可以请朋友给你指出来，当然，如果能让专家来给你指导的话则会更好。不过，这些都是没有说话对象的练习，跟实际说话完全不同。一旦站在人们面前，你就要将自己的全部精力投入到讲话之中，以引起对方的共鸣。

选择什么样的说话声音，完全取决于你的个性、场合以及你所要表达的感情。在一般情况下，你的发音要做到清脆而洪亮。说话清晰，才显得有自信心、目的性明确和善于表达，这会给对方泰然自若的感觉。在公众场合，如果别人的谈话正处在争论不休的阶段，你站起来说一句话，语句简短、声音洪亮，则会产生震撼人心的作用。

讲话时你的声音能够让大家都听到吗？我指的是你的声音足够大而且清晰。你所处的场合也许是三两个人的促膝而谈，在这种谈话中你可能比较容易做到这一点。事实上，这时你如果音量过大的话，反而会使人以为你在跟人争吵。但是，如果你面对的是成百上千个听众，比如站在广场上发表演讲时，你则应该尽量让更多的人听到。因为如果他们没有听到的话，他们就会忽略你所说的内容，而不是提醒你大声讲或者重新讲述。因此，你要根据情况的不同调整你的音量。

当你需要强调某一个重点的时候，你可以适当地提高音量。在某个重要的地方提高音量，可以引起大家的注意。当然，有的时候适当地降低音量也能使你达到这个目的。在任何情况下，音量的变化都可以使你突出重点。

这里有一个运用重音的例子。

一天，林肯正低着头擦靴子，有位外国外交官看见了，嘲讽林肯说："总统先生，你经常给自己擦靴子吗？"

"是的。"林肯转问道，"你经常给谁擦靴子？"

林肯的这句话巧妙地转移了对方的重音，使自己脱离了被嘲讽的境地，并置对方于尴尬的处境。

另外，你需要使你的声音有变化。变音涉及音高程度。如果你一直采用高音来说话，有谁愿意听这样尖锐的声音呢？而且，当你普遍地使用高音的时候，你的声音会显得过于单调。因此，你必须在音高上有所变化，这样能够使你的声音悦耳而且更有活力。与调节音量一样，

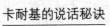

当你要阐明某个观点时，变音也会使你更加积极地传达信息。你可以采取略高或略低的声音来表示你对某个观点的重视程度。

我们平时与人交谈时，声音会高低起伏不断变化，就像大海不断起伏一样。为什么会这样呢？没有人知道，也没有人关心这个问题。但是，这种方式显然能使人感到愉快，而且它也是一种很自然的方式。然而，当我们开始某种正式的讲话时，我们的声音却变得枯燥、平淡而单调，就像一片沙漠一样。当你发现自己出现以上的状况时，就要停下来反省了。

一般来说，你需要使你的声音避免出现以下这些情况：

发音含糊

如果你的牙齿紧紧靠合，或者更加糟糕些，你的双唇像腹语者一样紧闭不动，那么毫无疑问，你正在用鼻音说话。用鼻音说话导致的最大问题就是发音含糊不清。这样对方会以为你在抱怨，而你则会显得恹恹而无生气，非常消极。

听起来不确定

你必须使对方感觉到，你对你所讲的内容是非常自信的。当你的声音颤抖或者犹豫的时候，对方会以为你对所说的没有把握。如果连你自己都对你所说的没有把握的话，怎么要求让对方对它产生兴趣呢？

咕哝

不要使你的话听起来像是在自言自语。声音过低或者不清晰，听起来同样让人觉得你不确定。你可能本来就不打算让对方听到你的这些话，但是他们模糊地听到了，却不知道你讲的是什么，他们就会产生怀疑，猜测你正在说一些对他们不利的东西。

声音过高

如果你的声音像飞机降落时候的制动声，对方会感到你十分可厌，因此不去听你讲话。过高的声音会使你的讲话具有攻击性，他们会以为你正处在一种压倒、胁迫他们的立场，而这不是他们所愿意的。所以当你喊着要大家听你的话的时候，没有人会愿意听从你的意见。

优化你的声音

⊙你要让自己"先声夺人"，使自己的声音具有强大的吸引力。

⊙声音不是一成不变的，你必须使你的声音富有变化。

⊙注意自己的发音，你需要扎实地练习。

⊙中国有句古话："工欲善其事，必先利其器。""器"指的是工具，而声音就是你跟听众交流的工具，你需要彻底掌握你的"器"。

尾音过低

你可能会造成这样的情况：当到了一句话的结尾或者关键的地方，你的声音慢慢地低下去，最后就没有了。这样会使句子听起来不完整。你要相信，对方不会愿意去猜测你后面到底讲了什么东西。

令人不适的语调

无论你的意图如何，它最终都是通过声音来表达的。因此，如果你的声音里含有傲慢、蔑视或者其他消极的情感因素的话，你就会伤害听你讲话的人，或给别人不受尊重的感觉。

当你处于一种消极状态的时候，如果你将它掺杂到你的声音中，人们会把它想象得比真实情况要糟糕得多，转而分散自己的注意力。比如，你稍微的挫折感可能被理解为歇斯底里，而你的失望可能被理解为绝望。因此，你必须在你的语调中显示出你诊治后的感情来，这样才能以积极的方式去吸引对方的注意力。

夹杂乡土口音

要想声音娓娓动听，最好不要夹杂地方口音。当然，如果你确实要用的话，你必须运用某种方法进行强调，而不要让人们以为你的发音不标准。

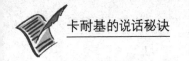

节奏：说话不能拖泥带水

你肯定希望自己给人干练、明快的印象，那么，你必须掌握好说话的节奏。影响说话节奏的主要有两个因素：讲话的快慢和说话内容的简繁。

在语言交流中，讲话的快慢程度会影响你向对方传达信息。速度太快就如同音调过高一样，会给人以紧张和焦虑的感觉。如果你说话太快，以至于某些词语模糊不清，他人就会听不懂你所说的东西；节奏太慢又会表明你过于拖沓、过于迟钝。

华特·史狄文思在《记者眼中的林肯》一书中说道：

"他（指林肯）会以很快的速度说出几个字，但是遇到他希望强调的词句时，就会拖长声音，一字一句说得很重。然后，他会像闪电一样迅速地把整个句子都说完……他会尽量拖长所需要强调的字句，差不多与说其他五六句不重要的句子所使用的时间一样长。"

比如，"今天我们要向大家介绍的就是我们公司的这款商品"。当你在说这句话的时候，你可以先用平缓略低的声音说到"公司的"这三个字为止，然后稍作停顿，热情地大声说出"这款商品！"利用这种技巧你一定能够收到意想不到的效果。

也就是说，我并不反对你刻意延缓某些词句的速度，以突出这些或另外一些内容（这根据你的音调来决定）。但是，如果你整篇说话或者大部分篇幅都这样，我则建议你千万不要这么做。

社交语言要简洁、精练，并尽可能地承载更多和更有用的信息，这样才能使你的说话节奏明快，使听众觉得你果断、直接和对说话内容肯定。如果空话连篇、言之无物，你的说话节奏必然拖沓，并且似乎很犹豫，好像在回避什么东西似的。

有的说话者在表达自己观点的时候讲得太多，而且持续的时间太长。我在前面举过一个例子，即林肯的葛底斯堡讲话。当时林肯只讲了两分钟，全篇讲话才不过 226 个字，但是爱德华·伊韦瑞特却讲述了两个小时。结果是林肯获得了成功。

为了使你的说话不拖泥带水，你的信息最好简短直接。你需要注意的是：

直接

你需要直接地向对方表达你的意思。你需要尽快抵达主题，让你的主要意思清晰明了。有的人总喜欢旁敲侧击，但是这容易分散对方的注意力。

简单明了

当你在说明你的重要观点的时候，词汇或句子越少越好。一句老话这么说："我问你几点钟，你不用告诉我表的工作原理。"

可是现实情况是，明明可以用少数词句就可以表达清楚的观点，人们总是喜欢用过多的词句，甚至堆砌故事、人物、数字来说明他的主题。你需要避免过多的修饰，它只会损害你的表达。

你应该知道下面这位父亲在说话时的错误：

一个十几岁的孩子第一次参加正式的舞会，他的父亲这样教导他说：

"你也许不应该在今晚的舞会之前、之中或之后喝酒。"

像"也许"这样缺乏说服力的限制词或关联词，听起来叫人不那么肯定你要表达的究竟是什么意思，对方可能不明白你所肯定的是什么。你不仅不能给对方以果断、直接和坚决的印象，还会使你的表达不够简洁。

集中一点

你可能会让你的主题有多个，这将使你和对方的精力都被分散。实际上，你要把一个主题讲得很透彻都十分困难，所以更不可能把每个主题都讲透。如果非得这样，那么每个主题你都只会浅尝辄止，因此跟对方讨论各种话题会影响你主要观点的表达。

明快的说话节奏

⊙节奏明快并不是要你一口气把你想说的都说完，那样肯定不好。我的意思是你需要尽可能简单明了地把你的意思表达清楚。

⊙不要过多地重复你说话的内容。你可以适当地重复从而强调相关的内容，但是你必须保证自己是有意识这么做的，而且尽量让对方知道这一点，不然他们会怀疑你很拖沓。

⊙如果你发现自己说了老半天，还是没有让对方明白你所说的话，你就有必要再次强调你的观点。

⊙有必要修饰你所说的话，但是你的意思必须让对方明白。

另外，许多人总喜欢注重细节的描述。你可以描述细节，但是必须注意一个前提，即不能影响你的主题的表达。如果你过于重视这些细节，你的信息重点就会不清晰。千万不要让对方以为，在理解你的观点时需要付出多么艰难的努力。大多数人都不愿意这么去做。通过你的表达，使对方得到重要的信息，这才是最重要的。

语调: 化乏味枯燥为生动有趣

语调就是说话人的语气和声调的变化结合，它表达了话语中包含的情感。在说话的时候，你需要让语调来表现出比你说话的具体内容更多的信息，或者说，语调实际上也是你说话内容的一部分。比如，当你的话听起来很真诚的时候，你实际上是在对对方说："我所想的就是我所说的，我所说的就是我所想的，我这样做实际上是对你的尊重。"这样一来，对方自然会更加相信你所说的话。

第一次世界大战后不久，我因为同事德玛斯的原因逗留在阿拉伯。一天，我闲逛进了海德公园，走到了大理石拱门附近——我知道经常有各式各样的人在那里谈论关于各种宗教信仰和政治的话题，并且想听听他们的谈话。当时我看到一位天主教徒正向人们解释教皇无谬论，之后我还听了一个男人关于多妻制的高论。

我注意到在这三位主讲人周围的听众人数的变化。一开始，那位鼓吹一夫多妻制的演讲者的听众最多，但是到后来，他的听众越来越少。你知道这是为什么吗？难道是因为话题的原因吗？

我对这个问题进行了研究。我发现：那位多妻制的鼓吹者，自己好像对讨三四个老婆并没有多大的兴趣，他的语调听起来也一点都不高兴，人们因此觉得他讲得很枯燥无味；那位拥有完全对立观点的天主教徒，却沉浸在自己的演讲当中——他情绪高昂，并且挥动着手臂，声音高亢而充满信念，散发着热情和生气，这种热情感染了人们。原来，正是演讲者不同的态度和语调引起了听众人数的变化。

你可能也听过不少类似那位鼓吹一夫多妻制的演讲者的讲话。他们的语调平淡、生硬，没有激情，他们对自己所讲的题目没有表现出多大的兴趣，好像在有气无力地念书稿一样。这样的说话方式能吸引你吗？当然不能。

实际上，语调传达的信息远比我们想象的要多得多。语调就像说话者的表情一样，向对方传达着某种言外之意的感染力。当你听到一个人的电话的时候，如果他的口气热烈，那么你即使没有见到他，也可以判断出他很高兴，但是如果他的口气很平淡，那么即使他告诉你一件值得高兴的事，你也会认为这没什么好高兴的。

一个说话高手不仅声音悦耳，他的语气和语调也很有感染力，总能拨动人的心弦，引起对方的共鸣。据说，一个意大利演员用悲怆的语调朗诵阿拉伯数字，听的人居然被感动得凄然泪下，而一位中国艺

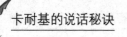

术家朗诵菜谱则像诗歌一样动听。又比如，一个"啊"字，运用不同的语调，可以分别表达"我明白了"、"没听清"、"惊讶"、"终于知道了"等诸多含义。正是语调使得你的说话变得声情并茂。

很多人并没有意识到自己的语调有问题，或者他们认为语调和嗓音一样，都是天生的。没有语调或语调不当的声音会让对方很麻木，失去对说话内容的注意力，从而没有心思去思考你说话的内容。而有语调的声音则会产生完全相反的效果。

很多时候我们费力地对说话的内容冥思苦想，殊不知我们的语调已经把一切都搞砸了。拿起听筒，听到一个"喂"字，无须再多说什么，从这一个字里，我们就已经知道男朋友是不是还对我们拥有火一般的激情，母亲是不是没有睡好觉，好友是不是已经顺利通过了考试……"嗓音是身体的音乐，语调是灵魂的音乐"，这句话说得很对。我们悲伤的时候，语调是苍白空洞的；经过一夜狂欢，我们的语调变得有气无力、底气不足；一个星期的海边度假，又可以让我们的语调重新恢复活力和弹性。

大致有以下这些语调，你可以根据不同的需要来变换：

慷慨激昂的语调

慷慨激昂的语调能够给人以气壮山河的气势，从而增强语言的震撼力。

恰当地运用语调

⊙语调使你和你说的话更有生命力。

⊙语调表达的东西比你想象的要多得多。

⊙注意自己说话的语调，注意多加训练。

⊙不同的人、不同的场合以及不同的话，我们需要用不同的语调。

抑扬顿挫的语调

抑扬顿挫指的是句子里语调升降、轻重缓急的变化，它包含说话节奏的一部分内容。同样一句话，语调升降和轻重缓急的变化会使表达的意思有所不同，在某个时候甚至完全相反。

平和舒缓的语调

当置身于一些不宜高声说话的场合的时候，你需要用平和舒缓的语调来说话。比如主持某人的葬礼，如果你运用得当的话，不仅能够表达你的敬意，还能感染其他人。

体态：无声语言是有声语言的辅助

体态语指的是通过表情、身体姿势和手势传达信息的一种肢体语言。据说，在讲话者所要表达的所有信息中，通过非语言渠道——声音、语调、表情、身体姿势和手势等——传递的信息占了很大一部分。

因此，如果你不想对方对你产生"他懒吗"、"病了吗"、"累了吗"之类的猜测的话，那么，你最好不要显得那样。当然，如果你想发挥出色的话，这样还远远不够。

为林肯作传记的柯恩登这样写道：

"林肯更加喜欢用脑袋来做姿势，他会经常甩动头部。当他想要强调某个观点的时候，这种动作特别明显。有时，这种动作会戛然而止……随着演讲的进行，他的动作会越来越随意，最后趋于完美。他有完全属于自己的自然感和特点，这使得他变得很高贵。他瞧不起虚荣、炫耀和做作……有时为了表示喜悦，他会高举双手大约成50度，手掌向上，看起来好像要拥抱那种情绪。当他想表现厌恶时——比如对黑奴制度——他就会举高双臂、握紧拳头，在空中挥舞，表现出强烈的厌恶感。这是他最有效的手势，表现了他最坚定的决心，看起来他好

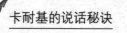

像要把这些东西扯下来烧了一样。他总是站得很规矩，双脚并齐，绝不会一脚前一脚后，也绝不会扶在什么东西上面。在整个演讲中，他的姿态和神态只有稍微变化。他也绝不乱喊乱叫，不会在台上走动。为了使双臂轻松，他有时也会用左手抓住衣领、拇指向上，而只用右手来做手势。"

圣·高等斯根据林肯演讲时的一种姿态为林肯雕了一座雕像，立在林肯公园内。你没有必要一定要模仿林肯的姿势，但是需要注意你的姿势却是一定的。

面部表情

你首先要注意你的面部表情。如果说眼睛是心灵的窗户的话，那么脸就是心灵的外观。你的所有情绪都写在你的脸上——如果你不是一个善于控制情绪的人的话。无论如何，你可以而且往往会通过表情传达更多的信息。表情有喜怒哀乐，但是对说话的人来说，一般情况下最重要的表情是微笑，它是拉近你和对方距离的最简单有效的方法。

当然，还有更多，这要看你的说话内容而定了。

身体姿势

在你讲话之前、听话的过程中——尤其是在演讲的时候——如果你必须面对对方坐下，你就必须注意坐姿。不要四处张望，那非常像是一只动物在找一处可以躺下来过夜的地方，而不是对与对方谈话更加有兴趣。

在你坐下来的时候，不要玩弄衣服或别的什么东西，这会分散对方的注意力，而且这样会使人觉得你不够稳重、没有自制力。所以，你必须保持静止状态，控制自己的身体。

当你准备讲话的时候——不论你是站着还是坐着——挺起你的胸膛，显出你很有自信的样子。不要等到面对听众时才这么做，你平时就需要这么做。

正像罗瑟·古里柯在《高效率的生活》一书中所说的那样：现在，10个人中都找不出一个能让自己保持最佳状态的人。他建议我们平时就要注意这方面的练习,在演讲的时候更要"把自己的脖子紧紧贴住衣领"。

手势

我将重点讲述手势语，主要讲当你站着讲话时的手势。这个时候，手势是最自由和最强有力的体态语，也正是这个原因，人们往往也最容易犯错误。

在你开始讲话的时候，最好忘记自己的手，你不用担心会失去它。它们会很自然地下垂在身体两侧，那是最好的一种姿态。当然，在需要的时候，你会记得用它们来做出恰当的手势的。

但是，你可能会把你的手放在背后，或者插入你的口袋里，或者放在桌子上，因为这样做能减少你的紧张感。这时，你更没有必要在乎它。许多人都是这么做的，即使伟大如罗斯福总统有时也会这么做，好像这种姿势具有非常大的诱惑力似的。

在我的教学生涯中，我曾经依照教科书里面所说的东西来教授我的学员，让他们学会如何采用姿势。我只是照搬老师灌输给我的那些理论，从而养成了一些坏习惯。我永远无法忘记第一次上演讲课的情形：

老师叫我把手臂轻轻地垂在身体的两边，手掌朝后，所有的手指蜷曲成一半，大拇指碰着大腿。然后，我举起手臂，画出一道弧线，以便让手腕优雅地转动。接着，我再张开食指，然后张开中指，最后是小指。当我全部完成这套看起来相当完美的动作后，手臂还要回到刚才的那道弧线，再放到身体两侧。

实际上，这套生硬的动作在我讲话的时候没有丝毫用处，而我却用它来教我的学员。有一次，我看到20个人同时在做这样的姿势，他们都像打字机一样机械地做着动作，显得十分可笑。其实，从来没有一套标准的手势是适合所有说话者的，除了一些经验之外。每个人都是从自己的内心出发并根据自己的思想和兴趣来培养的。唯一有价值的手势，就是你天生学会的那一种。

手势完全不同于衣服：衣服可以穿上换下，而手势却是发自内心的，就像大笑、腹痛、晕船一样。一个人的手势，是属于他个人的东西。

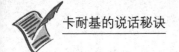

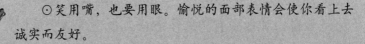

正确的体态

⊙笑用嘴，也要用眼。愉悦的面部表情会使你看上去诚实而友好。

⊙你的体态会影响对方对你的判断，因此，尽量以一种积极的体态出现。

⊙最自然的姿势就是最正确的。注意不要使用任何做作的姿势或表情。

在讲话的时候，政治家布莱安经常会伸出一只手，把手掌摊开；格雷斯顿则经常拍桌子或者踏地板，发出很大的声响；罗斯伯利则会高举右臂，然后用力向下挥动。

这些演讲家都具有深邃的思想和坚定的信念，都使他们的姿势强而有力、出于自然。自然和有活力正是行动的最佳表现。我们既不能邯郸学步——身材高大、动作笨拙的林肯不能用短小精悍、动作敏捷的道格拉斯的手势，也不能刻意地让自己做出某种姿势。

多年前，我有幸听到了吉普希·史密斯的传道——他曾使几千人信奉了基督。他使用的手势很自然，一点都不做作。只要你练习运用这些原则，你就会发现，你也是用这种方式在做出你的手势。我无法举出任何法则好让你去遵守，因为这一切都取决于讲话者的气质、他的热情和个性、他准备的情况，以及讲话的主题、对象和场合的情况。

以下有一些建议，对你会有帮助：

不要过多地重复同一种手势，那将会让你给人枯燥的印象；

不要用肘部做短而急促的动作，由肩部发出的动作看起来要好很多；

手势不要结束得太快。

总之，你要使用那些发于自然的手势。只有那些你内心当中的冲动和欲望才是最值得信任的，这些东西给你的指导最重要。

修辞：让话语更有分量

耶稣在解释"天国"时，采用了一种非常好的方法，那就是运用人们熟悉的东西来说明他们不熟悉的东西。比如，他说：

"天国就像酵母，人们把它放到玉米粉里面，它就会全部发酵完毕……

"天国就像寻找珍珠的商人……

"天国就像撒入大海中的网……"

在这里，"天国"可能不是人们所熟悉的，而酵母、商人、网则是为大家所熟悉的东西。耶稣采用了这样一种巧妙的方式，运用两者类似的地方进行比较，就更加容易让人明白。

你是不是有时候也会这么去做？当你想要对方快一点的时候，你可能会对他说："希望你弄完的时候，我还不至于变成'木乃伊'！"你和对方都知道，你至少在这么短的时间里变不成"木乃伊"，但是你却很明显地夸大了事实。实际上，在说话的时候，如果你想要强调某一点，适当地运用一些夸张将是一个非常好的办法。而如果你想说明某人的做法可能会产生严重后果的话，你也许会说："你这样做，就好像是打开了潘多拉的盒子。"而他肯定也知道你说这话的意思。

如果想要在辩论中取胜，你必须采用各种各样类似上面所举的例子那样的方法来改善自己的话语，以使它更有分量，使人们更加相信你。而这种方法就是通常所说的修辞。如果你注意了的话你就会发现，律师之所以能言善辩，正是因为经常用到它。

上面所举的两个例子是两种十分常见的修辞方法，耶稣用的那种是比喻，而你在说自己变成"木乃伊"时所用的是夸张。修辞方法除了上面两种外，还有许多种。你不用因为需要掌握这么多修辞方法而烦恼，实际上，正是因为它多，才使你的说话变得更有说服力。我将就几种主要的、对你来说可能容易掌握的修辞方法进行简略的说明。

引用

实际上，这种修辞方法是我们最常用到的。我就经常在本书里大量地引用著名演讲家（比如林肯）和学员的故事来说明我的观点，事实证明，这样的确收到了很好的效果。

有时候，我们并不打算引用一个冗长的故事，而只选择了某人说过的某一句话，甚至某一个词。还有这样一种情况，我们有时候引用一句古话（比如中国的成语）或俗语来说明我们的观点，这样也非常有效。引用不仅简单有效，而且会使你的话更有说服力。

反复

反复也就是以相同的节奏重复同一个意思。这样做的好处是，你不仅能够把听众的注意力吸引住，从而让他们知道你的主要观点是什么，而且能够将你的主要思想与整个演讲融为一体。比如，一个演讲家在谈论某个部门的时候说：

"这个系统，它有着糟糕的公众服务，政府雇员的数量却远远超过了工厂。

"这个系统，它有着一个好管闲事的政府，每时每刻都准备插手你的商业事务和私人生活。

"这个系统，它吞噬了整个国家将近一半的财政预算。"

通过反复，他让听众相信，这个部门确实存在很多问题而急需改革了。

对比

对比是指同时列出两个相反或者相对的事物。我们先看查尔斯·狄更斯在《双城记》里是如何巧妙地运用对比这种修辞手法的：

"那是最美好的年代，也是最糟糕的年代；那是智慧的时代，也是愚蠢的时代；那是信仰的时期，也是怀疑的时期；那是光明的季节，也是黑暗的季节；那是希望的春天，也是绝望的冬天；在我们前面，堆积如山，也一无所有；我们全都奔向天堂，也全都走向地狱……"

听起来如何？是不是很打动人？你也很希望如此优美、能说服人的句子出现在你的话里吧！

对比确实能够使原本平淡无奇的话变得精彩，使你变得很雄辩。不用去管为什么会这样，这些问题可以留给语言学家或心理学家去解答，你只要知道它有用并尽量去用就行了。

比如，你在鼓励大家尽快完成任务的时候，可以说："让我们停止空谈，开始行动。"

而当你在提醒大家不要浪费粮食的时候，你可以说："你现在的确吃得很饱，但是这个世界上有很多正在挨饿的人。"如果你需要更多的例子，你可以自己去发现和总结。

反问

当你在表达一个观点的时候，你可能会说："难道不是这样吗？"一方面，你认为事实明明就是这样的；另一方面，你可能并不需要听众回答这个问题。这时候，反问只是为了吸引听众对你的问题的注意，它常常被用在结论和过渡中。

但是有时候，它可以表达更多的意思。如果你想说服一个人，最好的方法就是举出例证反问之，这样比正面辩论要有更大的说服力。

有一次，伟大的拿破仑骄傲地对他的秘书说："布里昂，你知道吗？你将永垂不朽了。"布里昂并没有明白他的意思，问拿破仑为什么这么说。

拿破仑说道："你不是我的秘书吗？"

布里昂明白后，不甘示弱地对拿破仑说："请问，亚历山大的秘书是谁？"

拿破仑没有答上来，他赞扬布里昂说："问得好！"

你明白这段对话的奥妙吗？拿破仑的意思是，因为布里昂是他的秘书，所以会扬名。但是，布里昂却表示自己不愿意靠别人出名，所以反问了拿破仑这么一句话。他问拿破仑那句话的意思是，伟大人物的秘书不一定就会出名。但是，因为拿破仑是他的主帅，他不能直接

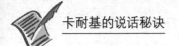

反驳拿破仑的观点，所以用反问巧妙地表达了自己的看法。

排比

排比就是将 3 个或 3 个以上同样的句式放在一起，而不是表达同一种意思。你可能也曾经看到过这样的例子，只是没有注意而已。林肯在他著名的葛底斯堡演讲的最后说：

"……我们在此坚决地表示：要让他们的死有价值；要让这个国家在上帝的保佑下，得到自由的新生；要让民有、民治、民享的政府不会从这个地球上消失。"

林肯在此运用了两个排比（中英文排比有所不同。英语原文为：…we here highly resolve that these dead shall not have died in vain, that this nation, under God, shall have a new birth of freedom, and that government of the people, by the people and for the people shall not perish from the earth. 在英文中确实有两个排比句——编者注）。这使得原本平淡无奇的话变得生动和有气势起来，从而对听众产生了非常大的感染力。

排比的独特优点还在于它对任何话题都适用。无论你要讲的是什么，你总能用上这种修辞方法。

关于更多的修辞方法，你可以找相关的著作来看。

说话时运用修辞方法

⊙ 使用比喻，使你的说话更加形象。

⊙ 使用夸张和反复，强调你的重要观点。

⊙ 使用对比，使你的说话更加具有说服力。

⊙ 使用排比，使你的话更加有气势。

⊙ 使用引用，听众更加容易理解你的观点。

通俗：说话的最高境界

因为职业的关系，我听了无数次演讲。其中一些演讲因为演讲者的大意而失败了。他们失败的原因不在于他们的专业知识不牢靠，而是他们显然完全不知道一般听众对他们的特殊行业缺乏了解，而他们却只管大谈专业。这样的结果如何？虽然他们高谈阔论，大量使用工作中常用的词汇，却使得那些外行听众根本不了解他们所说的话。

并不只是在演讲中存在这种情况，实际上，几乎所有牵涉到从事不同行业的谈话者的谈话，都存在这样的问题。这种不经意的忽略使谈话失去了本来应该有的效果。所以，如果你想使你的说话更能够被大家理解，你就必须学会使你的语言通俗化，使你的语言成为人人能懂的语言，这样你就算是达到了说话的最高境界。

在做到说话通俗这一点上，你面临的最大问题可能是需要使用一些专业词汇，也就是我们前面所说过的"术语"。这些词汇只有与某项工作有关或者某个特定研究领域的人才能够真正理解。另外，有些行业可能会创造一些只有本行业人员才懂的缩略语，这些语言通常是仅由首字母组成的。对不熟悉它们的人来说，运用这些词汇的时候，他们可能并不知道你说的究竟是什么意思。而由于很多原因，一般人是不会站起来说明他没有听懂的。所以，他们很可能会微笑，然后带着困惑离开。由此可见，我们要确保我们的术语能被他们听懂。

我的一位学员，他作为一名医生曾经在班上这样开始他的讲话：

"横膈膜是这样一种东西，如果它被用来呼吸的话，将会明显地帮助肠子的蠕动，而这对你的健康有很大的好处。"

他想接着讲其他的东西，可是老师打断了他。老师让听懂了这句话的人举起手来，结果出乎这位医生的意料：没有一个人举起手来。

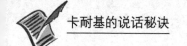

也就是说，没有一个人听懂了他的话。

老师要求他对那句话进行解释，告诉他在让大家知道那东西究竟是什么样的以及究竟如何工作之前，先不要急着往下说。于是那位医生解释道：

"横膈膜实际上是一种非常薄的肌肉，它的位置在胸腔底部和腹腔顶部之间，它会随着胸腔和腹腔的呼吸而变化。当胸腔呼吸的时候，它会被压缩，就像一只倒置的洗刷盆；而当腹腔呼吸时，它就会被往下推，使它成一个平面，而此时肠胃会受到挤压。而它的这种向下的推力，会按摩和刺激腹腔的上部器官，比如胃、肝、胰等等。当人们呼气的时候，胃和肠又往上推压横膈膜，这样的话，就相当于做第二次按摩。这种按摩有助于人体排泄。许多人的身体不舒服，主要是因为肠胃不适，而一旦我们的肠胃因为横膈膜的按摩而得到适当的运动，那么大部分的不舒服都会消失。"

作了这番解释以后，虽然麻烦了一点，但是学员们都听懂了他的话。

我们很多人在讲话的时候，都会犯和这个学员一样的错误——他们讲着自己很了解的东西，并且以为听众也一定会了解。其实，这个问题并不难解决，而是常常被说话者所忽视。

比如，你在对一位家庭主妇讲解为什么冰箱需要除霜的时候，有可能会这么讲：

"冷冻的原理是这样的：蒸发器从冰箱内吸收热量，然后散发到冰箱外面。这时候，被吸出来的热量伴随着湿气，这些湿气会附着在蒸发器上，形成很厚的一层霜，导致蒸发器绝热，而且使马达频繁地工作来进行补偿。"

对那些家庭主妇来说，这段话可能相当于什么都没说。你其实完全可以这么说：

"蒸发器的作用，就好像吸风机一样，把冰箱里的热量都吸出去，使冰箱能够冰冻你的东西。各位在打开冰箱的时候，一定会发现你的冰箱放肉的那一层上结有一层霜，这些霜就是结在蒸发器上的。霜越结越厚，就好像越来越厚的石棉一样，使蒸发器和冰箱里面的空气隔开，从而没有办法正常吸热。这样，你的冰箱的冰冻效果就会越来越差。这时，马达只有不停地运转，才能保证冰箱里的冷度，但是这会减少你的冰箱的使用寿命。为了使马达运转得慢一点，以使你的冰箱不那么吃力，我们必须想办法把这些霜除去。而如果在冰箱里装一个自动除霜器，就可以做到这一点了。"

如果你面对的是很多人，如何使你的话被所有的人听懂？印第安纳州前参议员比佛里吉有一个关于这方面的建议：

"最好的办法，就是在你的对象中选取一个看上去最不聪明的人，

说话通俗的方法

⊙尽量少使用专业词汇，那只会让你的说话听起来很深奥、不那么好懂，甚至令人止步。

⊙当你不得不使用专业词汇的时候，务必对它进行详细的解释。

⊙不要把你的词汇当成大家都应该懂的词汇，这并不能使你更加高明。

⊙不要使用你自创的语言表达方式，而是要用符合对方习惯的方式。

⊙尽可能让你的讲话通俗易懂，为此你需要对对方的情况进行慎重的分析，比如他们的受教育程度等。

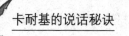

然后尽量使他明白你所说的话。你只能用最通俗的话来讲述，尽可能清晰地表明你的观点，这样才能使他听明白。还有一个好的方法，就是把目标锁定在那些由父母陪同的小孩身上。

"然后，你需要不断地提醒自己——自然，你也可以把它向对方说出来——你要尽量讲得简单明白一些，让所有人都理解你的解释，并且记住它，而且还能将你讲的东西讲给别人听。"

有一次，我去听一位证券经济商的演讲，听的人都是一些家庭妇女，她们想了解一些关于银行和投资的知识。这位演讲者一开始就使用了简单通俗的语言和幽默轻松的方式，以使她们放松下来。他把她们所关心的问题都说得清清楚楚，更加重要的是，他把一些专业术语，比如"票据交易所"、"课税"和"偿付"等，都用简单通俗的话解释得非常清楚。结果，这场演讲获得了空前的成功。人们对他非常感激，并且都主动找他咨询投资方面的事情。

在面对英语是其第二语言或者对英语可能没那么熟悉的人时，不要过多地使用俚语或比喻的方法。语言有千差万别，而语言的表达方法也会各不相同。最好的做法是，用最通俗的语言表达你的观点，而不是用许多母语或者想当然的表达方法。

尊重：也是一种征服

林肯总统有次在批评他的女秘书时说："你这件衣服很漂亮，你真是一位迷人的小姐。只是我希望你打印文件的时候，能够注意一下标点符号，让你打出的文件像你一样可爱。"这位女秘书听了之后，对这次批评印象非常深刻，从此打印文件很少出错。

林肯总统可以说是当时世界上最有权势的人了，但是他说话还这么委婉——这当然是他修养高、气度好的表现。相反，如果他换一种盛气凌人的方式去对女秘书说："你怎么工作的？连标点符号都搞不清楚！"这么一来，只能让对方感到反感，反而达不到纠正对方错误的目的。这说明尊重一个人也能帮助你说服对方。

人都是有自尊的。渴望获得别人的尊重是每个人的本能，所以当你需要指出一个人的错误或者说服一个人时，你必须要以尊重对方为前提。事实上，当我们处在这样的位置时，我们很可能给对方一种高高在上的感觉。因此，对方可能担心自己被伤害，从而下意识地采取一种闭合的心理来抗拒你的意见。所以，尊重对方实在是很重要的。

不久前，卡耐基训练班的会计师学员格莱格告诉我们，最近他必须辞退一些老员工。他们公司的工作具有季节性，因此每到这个时候都要大量裁员。以前，他们公司一般都是直接对对方说："先生，这个季度已完，我们再没有什么别的事情给你干了。"然后，直接把他们辞退。而被辞退者大部分都是终身从事会计工作的，因此，他们对这样草率地辞退他们的公司不会有什么好感，而这会影响到以后招人。

现在，他并不想这么做了，他希望自己能对被辞退的员工多一点技巧和体谅。他特意考察了每个人在冬季的工作表现，然后与他们一一进行交谈。他现在可能这么说："先生，你的工作成绩确实极好。那次我们派你去华盛顿，尽管困难重重，但是你还是完成得很圆满！我们希望你能知道，我们以你为荣！你有真本事，不论你在哪个公司上班，你都前途远大。本公司相信你，并支持你。"结果，这些人走了以后，并不觉得自己是被遗弃了。当公司需要再用他们的时候，他们会带着很美好的感情重新到岗。

另外两位学员也以自己的亲身经历说了两件完全相反的事情。其中一位是佛瑞·克拉克，他讲述了发生在他公司里的一件事：

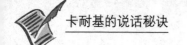

"在我们公司的一次会议中，一位副董事长非常尖锐地质问一位管理生产过程的质量监督员，他的语调充满了攻击性，很明显就是指责对方处置不当。这位监督员含糊不清的回答更使得副董事长发起火来，他不仅严厉地批评了这位监督员，还指责他在说谎，好像对方之前的所有工作都没有任何成绩似的——而这位监督员实际上是很负责的。从那以后，他开始不那么认真了。最后，他终于离开了我们公司，去了竞争对手那里工作。而据我所知，他在那里干得十分出色。"

而另外一位学员安娜·马佐尼也讲了一件非常相似的事情：

"我是一位食品包装行业的市场行销员。我曾经做过某项新产品的市场调查，那是我的第一份工作。当调查结束的时候，由于我在做计划时犯了一个极大的错误，导致整个调查都必须重新再做一遍。更加糟糕的是，我在参加会议之前，已经没有时间去跟老板讨论了。所以，轮到我做报告的时候，我心里非常不安。我用尽了全力克制自己，使自己不至于崩溃。当时我真的非常想哭，但是我告诉自己不能哭，因为这样的话，别人一定会认为我感情用事，不适合做行政事务。那次，

尊重对方

⊙尊重对方，将使你说服力更强。

⊙不要指责他人的过错，否则你将得不偿失。

⊙如果对方迫于某种压力而屈服于你的话，他在内心深处是不会赞成你的。

⊙如果你希望他人尊重你的意见，你必须首先学会尊重他人。

我的报告十分简单，只是告诉他们，因为犯了一个错误，我会在下次开会之前重新研究。说完后，我满以为老板会训斥我一顿，但是结果却大出所料。老板不但没有训斥我，反而安慰我说，没有一个人的第一次计划是不出错的。他还鼓励我说，他相信我的第二次计划肯定会比第一次出色，对公司也更有意义。散会之后，我的心思很乱，但我已经下定决心，决不再让老板失望。"

两件事情都是源于犯了错误，可为什么会产生截然不同的结果呢？原因很简单，犯错的人一个没有得到尊重，而另一个却得到了充分的尊重。

即使我们是对的，别人绝对是错的，如果我们不留余地地指责对方，也会使他失去颜面，没了自尊。法国飞行员安东安娜·德·圣苏何邑说："我们没有权利去做或者说任何事情来贬低一个人的自尊。重要的是他自己觉得如何，而不是我们认为他如何。伤害人的自尊是一种犯罪。"

包特门机车公司的一位经理萨姆尔·华特里说："如果你尊重一个人，你就会发现他非常容易受你的指引行动，尤其是当你对他的能力尊重的时候。"

已故的德怀特·玛洛能够轻易地使两个拼命的好斗者和解，他是怎么做到的呢？原来，他会找出两个人各自正确的一面，并且对此加以称赞和强调。无论如何，他从不伤害别人的自尊。

1922年，土耳其人决定将希腊人永远驱逐出自己的领土。他们的领袖姆斯塔法·凯末尔对士兵们说："你们的目的地，就是地中海。"这段拿破仑式的振奋人心的话鼓舞了这群士兵，于是一场近代史上最激烈的战争开始了。

如我们所知，土耳其人取得了战争的最后胜利，他们对对方已经投降的将军理科比斯和迪亚尼斯进行了辱骂。但是，凯末尔丝毫没有

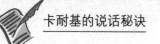

胜利者的骄傲，他拉着两位战败的将军的手说："两位请坐，我知道你们已经极度疲倦了。"接着，在详细地讨论了投降事宜后，凯末尔像战士对战士说话那样，又安慰这两位十分沮丧的将军："战争，就是一种竞技。即便是最优秀的人，有时也会失败。"

看来，凯末尔牢牢地记住了这句话：在谈话中始终尊重对方。这为他赢得了更多人的尊重。